Impressum
Verlag: BABADADA GmbH, Nedderfeld 112 , 22529 Hamburg
Geschäftsführer / Verlagsleitung: Harald Hof
Druck: Books on Demand GmbH, In de Tarpen 42, 22848 Norderstedt

Imprint
Publisher: BABADADA GmbH, Nedderfeld 112 , 22529 Hamburg, Germany
Managing Director / Publishing direction: Harald Hof
Print: Books on Demand GmbH, In de Tarpen 42, 22848 Norderstedt

escola
ໂຮງຮຽນ

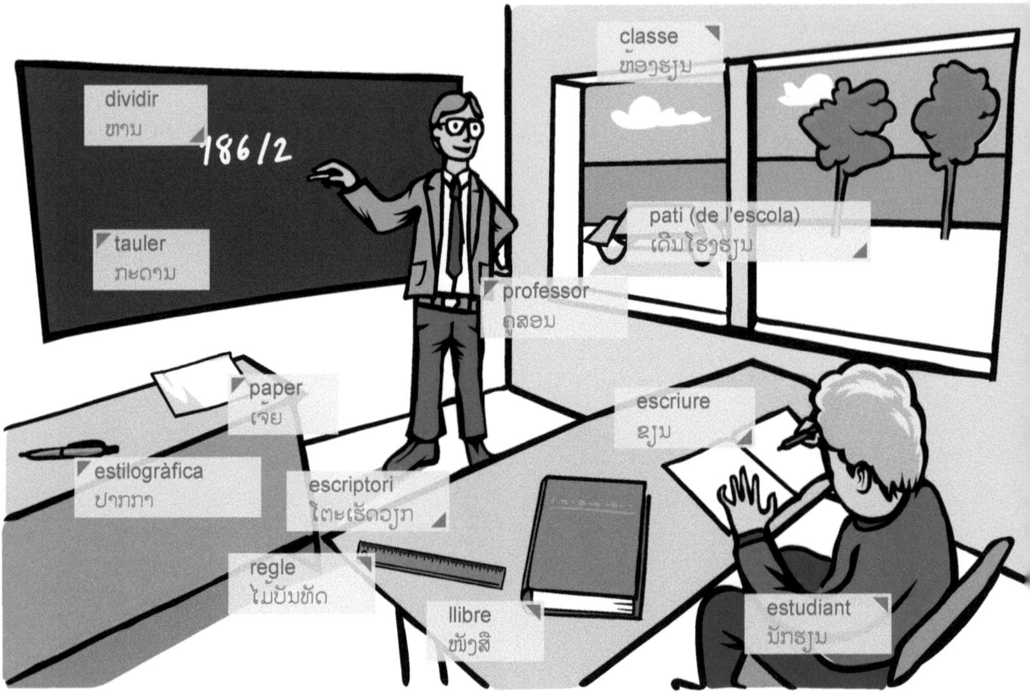
classe
ຫ້ອງຮຽນ
dividir
ຫານ
186/2
tauler
ກະດານ
pati (de l'escola)
ເດີນໂຮງຮຽນ
professor
ຄູສອນ
paper
ເຈ້ຍ
escriure
ຂຽນ
estilogràfica
ປາກກາ
escriptori
ໂຕະເຮັດວຽກ
regle
ໄມ້ບັນທັດ
llibre
ໜັງສື
estudiant
ນັກຮຽນ

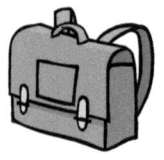

bossa
ກະເປົາໃສ່ປື້ມທີ່ມີສາຍພາຍ

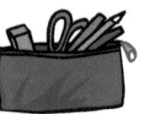

estoig
ກັບສໍດຳ

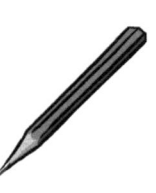

llapis
ສໍດຳ

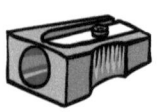

maquineta de fer punta
ເຄື່ອງແຫຼມສໍ

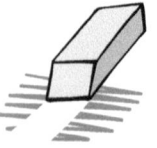

goma
ຢາງລຶບ

bloc de dibuix
ສະໝຸດແຕ້ມຮູບ

dibuix

ພາບວາດ

pinzell

ແປງທາສີ

capsa de pintures

ກ່ອງສີ

tisores

ມິດຕັດ

cola

ກາວ

quadern d'exercicis

ປຶ້ມເຝິກຫັດ

deures

ວຽກບ້ານ

nombre

ຕົວເລກ

afegir

ບວກ

sostreure

ລົບ

multiplicar

ຄູນ

calcular

ຄິດໄລ່

lletra

ຕົວອັກສອນ

alfabet

ພະຍັນຊະນະ

mot

ຄຳສັບ

text

ຂໍ້ຄວາມ

llegir

ອ່ານ

guix

ສໍຂາວ

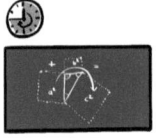

lliçó

ບົດຮຽນ

llibre de classe

ລິງທະບຽນ

examen

ການສອບເສັງ

certificat

ໃບຢັ້ງຢືນ

uniforme escolar

ຊຸດນັກຮຽນ

formació

ການສຶກສາ

enciclopèdia

ປຶ້ມຣວບຣວມຄວາມຮູ້ສາລະພັດ

universitat

ມະຫາວິທະຍາໄລ

microscopi

ກ້ອງຈຸລະທັດ

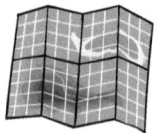

mapa

ແຜນທີ່

paperera

ກະຕ່າໃສ່ເສດເຈ້ຍ

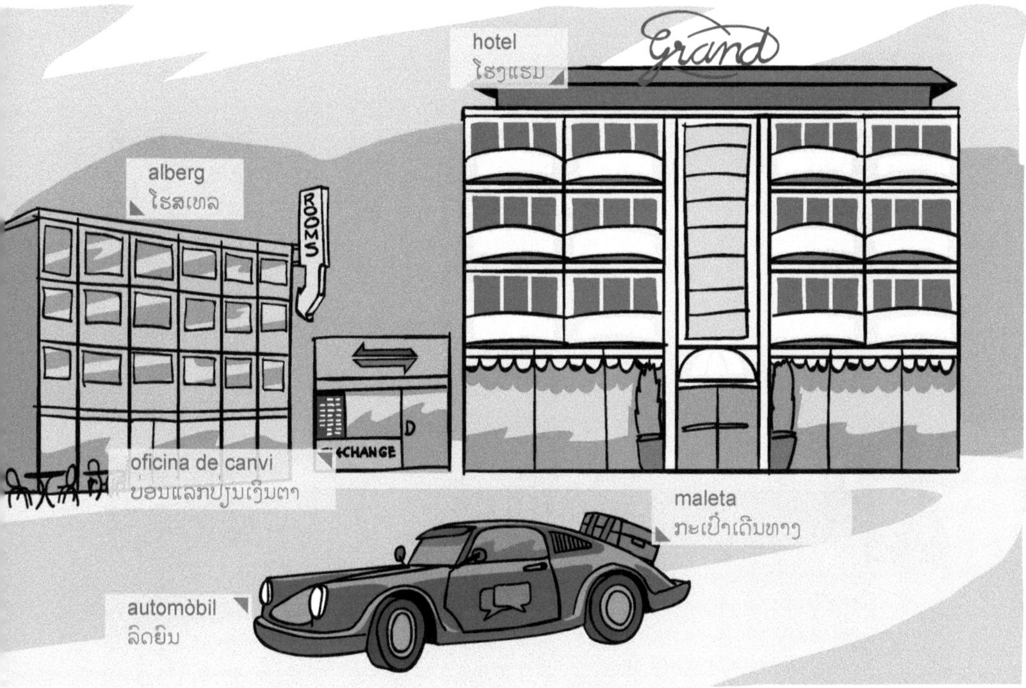

hotel
ໂຮງແຮມ
Grand
alberg
ໂຮສເທລ
ROOMS
EXCHANGE
oficina de canvi
ບ່ອນແລກປ່ຽນເງິນຕາ
maleta
ກະເປົາເດີນທາງ
automòbil
ລົດຍົນ

llengua

ພາສາ

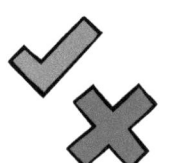

sí / no

ແມ່ນ / ບໍ່ແມ່ນ

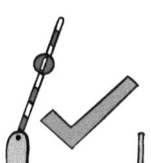

D'acord

ຕົກລົງ

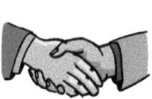

Ey!

ສະບາຍດີ

traductora

ນັກແປພາສາ

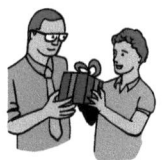

gràcies

ຂອບໃຈ

Quant costa... ?

ລາຄາເທົ່າໃດ...?

No entenc

ຂ້ອຍບໍ່ເຂົ້າໃຈ

problema

ບັນຫາ

Bona nit!

ສະບາຍດີຕອນແລງ!

bon dia!

ສະບາຍດີຕອນເຊົ້າ!

bona nit!

ລາຕິສະຫວັດ

fins aviat

ລາກ່ອນ

direcció

ທິດທາງ

bagatge

ກະເປົ໋າເດີນທາງ

bossa

ກະເປົ໋າ

sarrona

ກະເປົາພາຍຫຼັງ

convidat

ແຂກ

cambra

ຫ້ອງ

sac de dormir

ຖົງໃສ່ເຄື່ອງນອນ

tenda

ເຕັ໊ມ

oficina de turisme

ຂໍ້ມູນນັກທ່ອງທ່ຽວ

platja

ຊາຍຫາດ

carta de crèdit

ບິດເຄຣດິດ

esmorzar

ອາຫານເຊົ້າ

dinar

ອາຫານທ່ຽງ

sopar

ອາຫານແລງ

bitllet

ປີ້

ascensor

ລິຟ

segell

ສະແຕມ

frontera

ພົມແດນ

duana

ພາສີ

ambaixada

ສະຖານທູດ

visat

ວິຊາ

passaport

ໜັງສືຜ່ານແດນ

transport
ຂົນສົ່ງ

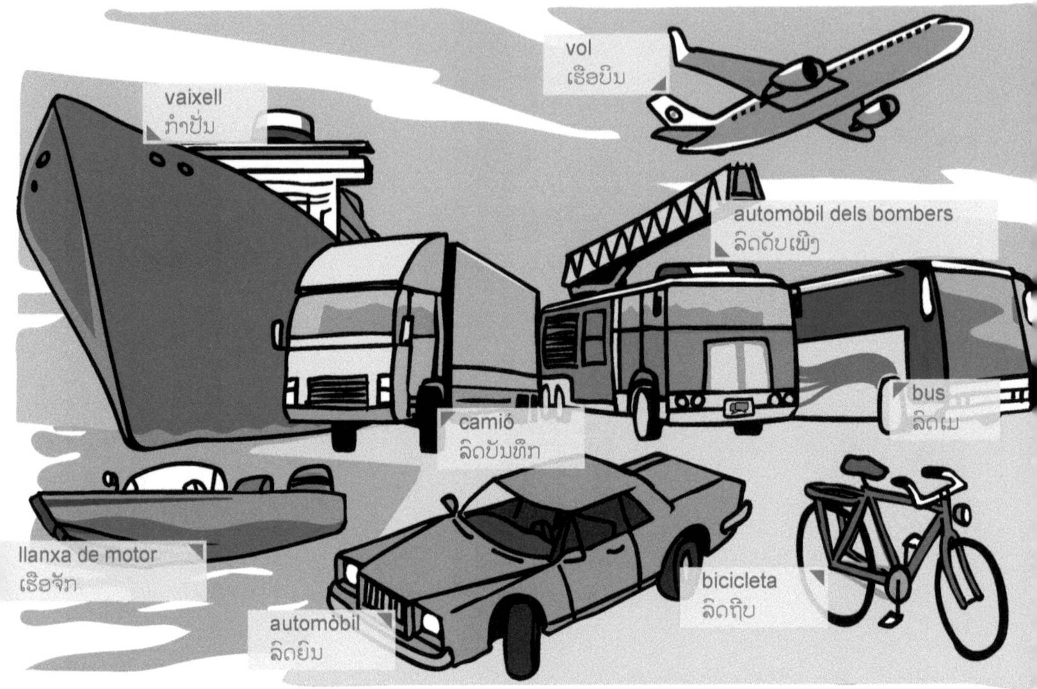
vol
ເຮືອບິນ
vaixell
ກຳປັ່ນ
automòbil dels bombers
ລົດດັບເພີງ
bus
ລົດເມ
camió
ລົດບັນທຶກ
llanxa de motor
ເຮືອຈັກ
automòbil
ລົດຍົນ
bicicleta
ລົດຖີບ

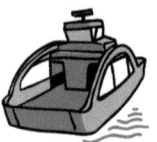

transbordador
....
ເຮືອຂ້າມຟາກ

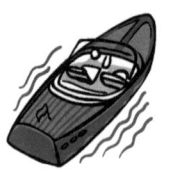

barca
....
ເຮືອ

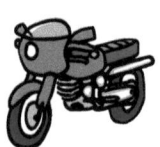

moto
....
ລົດຈັກ

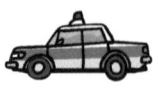

automòbil de policia
....
ລົດຕຳຫຼວດ

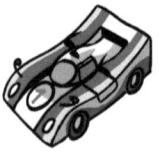

automòbil de curses
....
ລົດແຂ່ງ

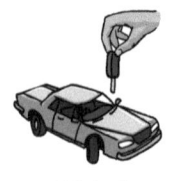

automòbil de lloguer
....
ລົດເຊົ່າ

vehicle compartit

ການແບ່ງປັນກັນໃຊ້ລົດ

grua

ລົດລາກ

camió de les escombraries

ລົດຂົນຂີ້ເຫຍື້ອ

motor

ເຄື່ອງຍົນ

benzina

ເຊື້ອໄຟ

benzineria

ປ້ຳນ້ຳມັນ

senyal de trànsit

ປ້າຍຈາລະຈອນ

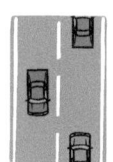

trànsit

ການຈາລະຈອນ

embús

ການຈາລະຈອນຕິດຂັດ

aparcament

ບ່ອນຈອດລົດ

estació de trens

ສະຖານີລົດໄຟ

vies

ລາງລົດໄຟ

tren

ລົດໄຟ

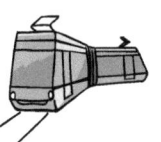

tramvia

ລົດລາງ

vagó

ຕູ້ລົດໄຟ

helicòpter

ເຮລິຄອບເຕີ

aeroport

ສະໜາມບິນ

torre

ທໍຄອຍ

passatger

ຜູ້ໂດຍສານ

contenidor

ຕູ້ບັນຈຸສິນຄ້າ

capsa de cartó

ກ່ອງເຈັ້ຍ

carretó

ກວຽນ

cistella

ກະຕ່າ

enlairar-se / aterrar

ເຮືອບິນຂຶ້ນ / ເຮືອບິນລົງຈອດ

ciutat
ເມືອງ

poble

ບ້ານ

centre de la ciutat

ໃຈກາງເມືອງ

casa

ເຮືອນ

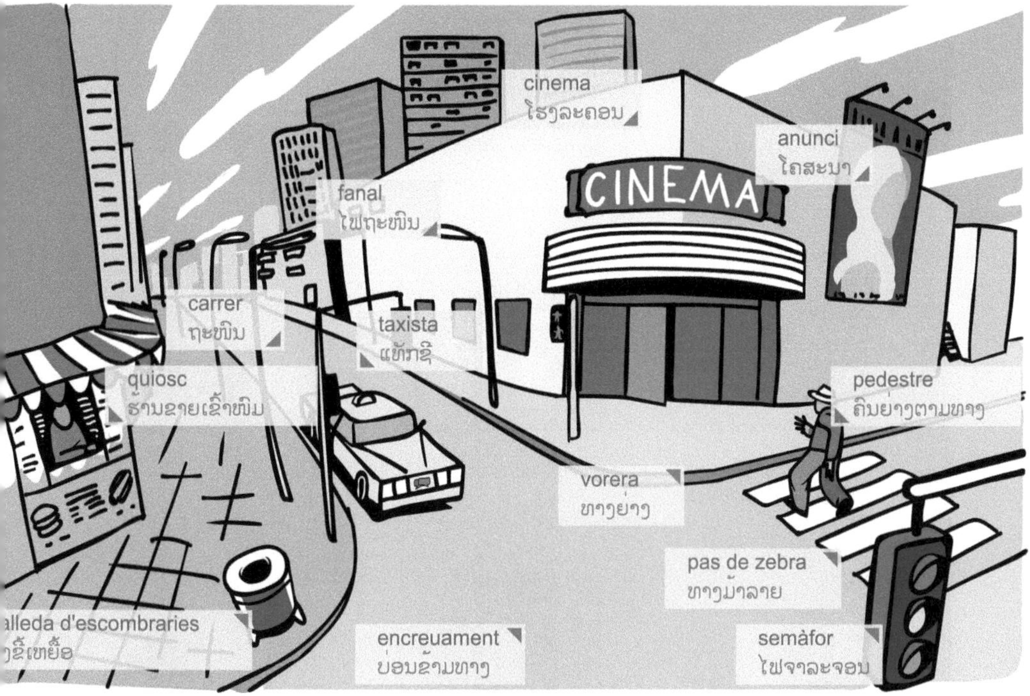
cinema
ໂຮງລະຄອນ
CINEMA
anunci
ໂຄສະນາ
fanal
ໄຟຖະໜົນ
carrer
ຖະໜົນ
taxista
ແທັກຊີ
quiosc
ຮ້ານຂາຍເຂົ້າໜົມ
pedestre
ຄົນຍ່າງຕາມທາງ
vorera
ທາງຍ່າງ
pas de zebra
ທາງມ້າລາຍ
alleda d'escombraries
ງຂີ້ເຫຍື້ອ
encreuament
ບ່ອນຂ້າມທາງ
semàfor
ໄຟຈາລະຈອນ

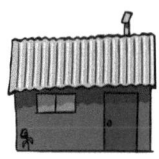

cabana

ຕູບ

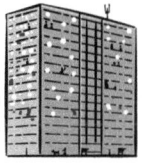

apartament

ແຟລດ

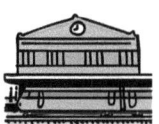

estació de trens

ສະຖານີລົດໄຟ

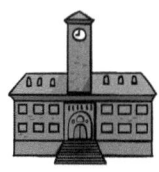

casa de la vila-ciutat

ໂຮງການເມືອງ

MUSEUM

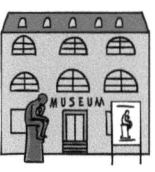

museu

ຫໍພິພິດຕະພັນ

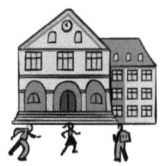

escola

ໂຮງຮຽນ

universitat

ມະຫາວິທະຍາໄລ

banca

ທະນາຄານ

hospital

ໂຮງໝໍ

hotel

ໂຮງແຮມ

farmàcia

ຮ້ານຂາຍຢາ

oficina

ຫ້ອງການ

llibreria

ຮ້ານຂາຍໜັງສື

botiga

ຮ້ານຄ້າ

floristeria

ຮ້ານຂາຍດອກໄມ້

supermercat

ຊູບເປີມາກເກັດ

mercat

ຕະຫຼາດ

gran magatzem

ຫ້າງສັບພະສິນຄ້າ

peixateria

ຮ້ານຂາຍປາ

centre comercial

ສູນການຄ້າ

port

ທ່າເຮືອ

parc

ສວນສາທາລະນະ

banc

ແປ້ນມ້າ

pont

ຂົວ

escala

ຂັ້ນໃດ

metro

ລົດໄຟໃຕ້ດິນ

túnel

ອຸໂມງ

parada d'autobús

ປ້າຍລົດເມ

bar

ຮ້ານຂາຍເຫຼົ້າ

restaurant

ຮ້ານອາຫານ

bústia de correu

ຕູ້ໄປສະນີ

senyal indicador

ປ້າຍຊື່ຖະໜົນ

parquímetre

ມິເຕີເກັບຄ່າຜາກລົດ

zoo

ສວນສັດ

piscina

ສະລອຍນ້ຳ

mesquita

ວັດມຸດສະລິມ

granja

ຟາມ

pol·lució

ມົນລະພິດ

cementiri

ສຸສານ

església

ໂບດ

parc infantil

ເດິ່ນຫຼິ້ນຂອງເດັກນ້ອຍ

temple

ວັດມຸດສະລິມ

paisatge
ພູມີປະເທດ

fulla
ໃບໄມ້

cartell indicador
ປ້າຍບອກທາງ

camí
ທາງ

prat
ທົ່ງຫຍ້າ

pedra
ກ້ອນຫີນ

arbre
ຕົ້ນໄມ້

excursionista
ນັກເດີນທາງໄກດ້ວຍການຍ່າງ

riu
ແມ່ນ້ຳ

gespa
ຫຍ້າ

flor
ດອກໄມ້

vall

ຮ່ອມພູ

muntanya

ເນີນເຂົາ

llac

ທະເລສາບ

bosc

ປ່າ

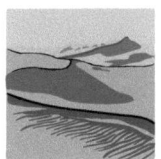

desert

ທະເລຊາຍ

volcà

ພູເຂົາໄຟ

castell

ທໍປະສາດ

arc de Sant Martí

ຮຸ້ງກິນນ້ຳ

bolet

ເຫັດ

palmera

ຕົ້ນຕານ

moscard

ຍຸງ

mosca

ແມງວັນ

formiga

ມົດ

abella

ເຜິ້ງ

aranya

ແມງມຸມ

escarabat

ແມງປິກແຊງ

granota

ກົບ

esquirol

ກະຮອກ

eriçó

ເໝັ້ນ

llebre

ກະຕ່າຍປ່າ

òliba

ນົກເຄົ້າ

ocell

ນົກ

cigne

ຫົງ

senglar

ໝູປ່າຕົວຜູ້

cervo

ກວາງ

ant

ກວາງໃຫຍ່

presa

ເຂື່ອນ

turbina

ໝາກປິ່ນ

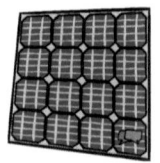

panell solar

ແຜງໂຊລາເຊລ

clima

ສະພາບອາກາດ

paisatge - ພູມິປະເທດ

restaurant
ຮານອາຫານ

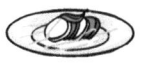

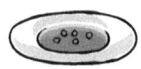

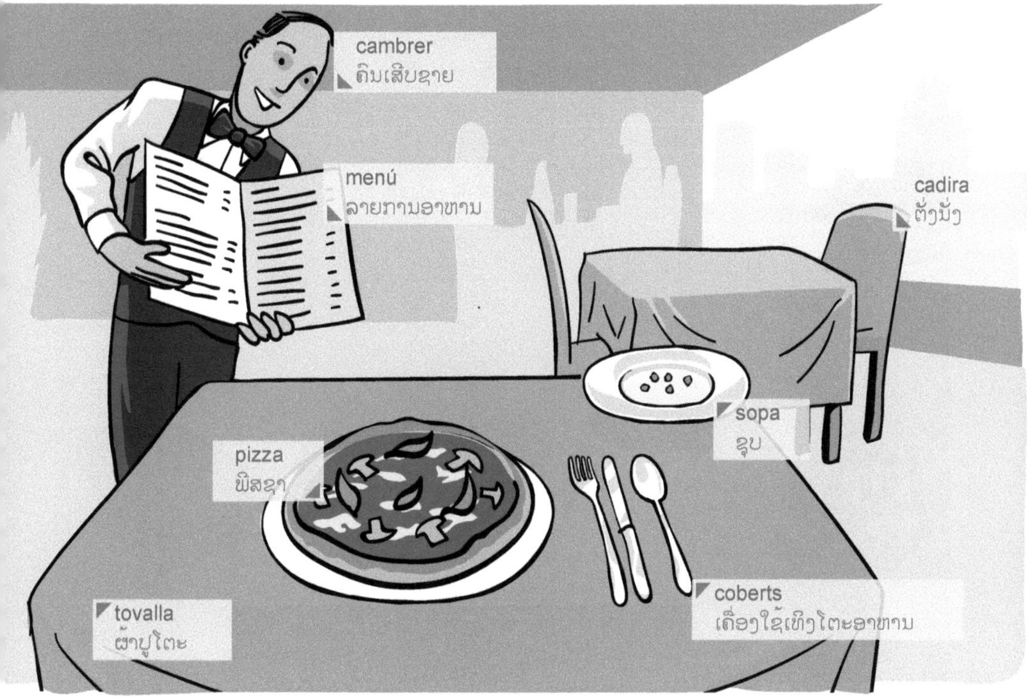
cambrer
ຄົນເສີບຊາຍ
menú
ລາຍການອາຫານ
cadira
ຕັ່ງນັ່ງ
sopa
ຊຸບ
pizza
ພິສຊາ
coberts
ເຄື່ອງໃຊ້ເທິງໂຕະອາຫານ
tovalla
ຜ້າປູໂຕະ

primer plat

ອາຫານເລີ່ມຕົ້ນ

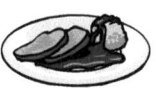

plat principal

ອາຫານຈານຫຼັກ

darreries

ຂອງຫວານ

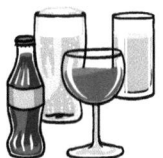

begudes

ເຄື່ອງດື່ມ

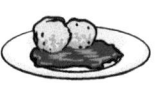

menjar

ອາຫານ

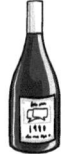

ampolla

ຂວດແກ້ວ

menjar ràpid

ອາຫານຈານດ່ວນ

menjar de carrer

ຮ້ານຂ້າງທາງ

tetera

ເຕົ້ານ້ຳຊາ

sucrer

ຖ້ວຍນ້ຳຕານ

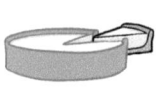

porció

ສ່ວນແບ່ງອາຫານລຳລັບນຶ່ງຄົນ

màquina d'espresso

ເຄື່ອງຊົງກາເຟເອສເປຣສໂຊ

trona

ເກົ້າອີ້ສູງ

factura

ໃບເກັບເງິນ

plata

ຖາດ

ganivet

ມິດ

forqueta

ສ້ອມ

cullera

ບວງ

cullereta

ຊ້ອນຊາ

tovalló

ຜ້າເຊັດປາກຢູ່ໂຕະອາຫານ

got

ຈອກແກ້ວ

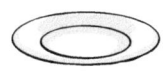

plat

ຈານ

plat de sopa

ຈານຊຸບ

plateret

ຈານຮອງ

salsa

ຊອສ

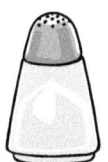

saler

ກະປຸກເກືອ

molinet de pebre

ກະປຸກພິກໄທ

vinagre

ນ້ຳສົ້ມສາຍຊູ

oli

ນ້ຳມັນພືດ

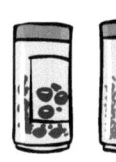

espècies

ເຄື່ອງເທດ

quètxup

ຊອສໝາກເດັ່ນ

mostassa

ຜັກຈຳພວກຜັກກາດ

maionesa

ມາຍອມເນສ

supermercat
ຊູບເປີມາກເກັດ

oferta especial
ຂໍ້ສະເໜີພິເສດ
client
ລູກຄ້າ
FOR
productes lactis
ຜະລິດຕະພັນທີ່ເຮັດຈາກນົມ
fruites
ໝາກໄມ້
carret de la compra
ລົດຊຸກ

BUTCHERS

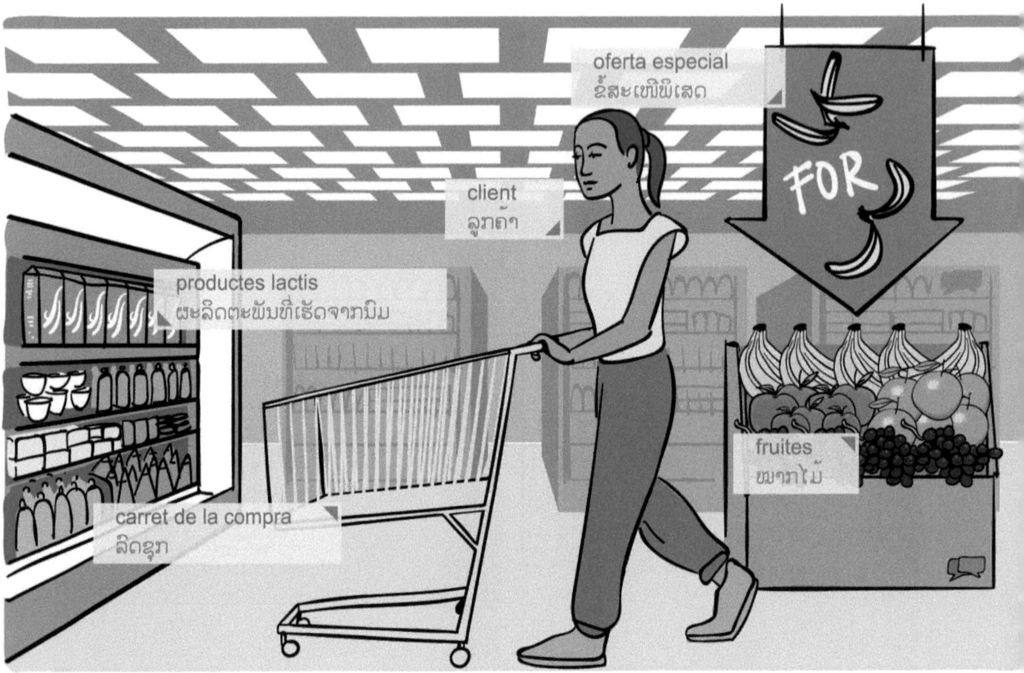

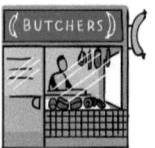

carnisseria

ຮ້ານຂາຍຊີ້ນ

BAKERY

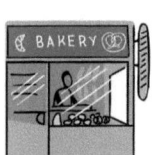

forn de pa

ຮ້ານຂາຍເຂົ້າໜົມປັງ

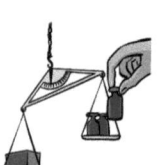

pesar

ຊັ່ງນ້ຳໜັກ

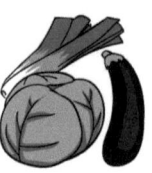

verdures

ຜັກ

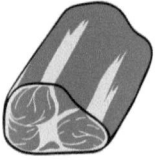

carn

ຊີ້ນ

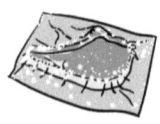

menjar congelat

ອາຫານແຊ່ແຂງ

carn freda
ຊີ້ນເຢັນ

conserves
ອາຫານກະປ໋ອງ

detergent en pols
ແຜ່ນຊັກເຄື່ອງ

dolços
ເຂົ້າໜົມຫວານ

articles domèstics
ຜະລິດຕະພັນໃນຄົວເຮືອນ

productes de neteja
ຜະລິດຕະພັນທຳຄວາມສະອາດ

venedora
ພະນັກງານຂາຍຍິງ

caixa registradora
ເຄື່ອງຄິດເງິນ

caixera
ພະນັກງານເງິນສົດ

llista de la compra
ລາຍການຊື້ເຄື່ອງ

horari d'obertura
ເວລາເປີດເຮັດວຽກ

portamonedes
ກະເປົາເງິນ

carta de crèdit
ບິດເຄຣດິດ

bossa
ຖົງ

bossa de plàstic
ຖົງຢາງ

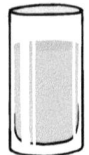

aigua

ນ້ຳ

suc

ນ້ຳໝາກໄມ້

llet

ນົມ

coca-cola

ໂຄກ

vi

ວາຍ

cervesa

ເບຍ

alcohol

ເຫຼົ້າ

cacau

ໂກໂກ້

te

ຊາ

cafè

ກາເຟ

espresso

ເອສເປຣສໂຊ

cappuccino

ຄາປູຊິໂນ

banana

ໝາກກ້ວຍ

poma

ແອັບເປັ້ນ

taronja

ໝາກກ້ຽງ

síndria

ໝາກໂມ

llimona

ໝາກນາວ

pastanaga

ທົ່ວກະຄິດ

all

ຜັກທຽມ

bambú

ຕົ້ນໄຜ່

ceba

ທ່ອມບົ່ວ

bolet

ເຫັດ

avellanes

ຖົ່ວ

fideus

ເສັ້ນໝີ່

espaguetis

ສະປາແກັດຕິ້

arròs

ເຂົ້າ

amanida

ສະຫຼັດ

patates fregides

ມັນຝຣັ່ງທອດ

patates fregides

ມັນຝຣັ່ງທອດ

pizza

ພິສຊາ

hamburguesa

ແຮມເບີເກີ້

entrepà

ແຊນວິດຈ໌

escalopa

ຊີ້ນຕິດກະດູກ

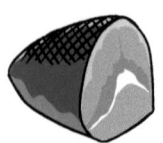

cuixot

ແຮມ

salami

ໄສ້ກອກແຫ້ງຊາລາມິ

salsitxa

ໄສ້ກອກ

pollastre

ໄກ່

rostit

ຢ່າງ

peix

ປາ

flocs de civada

ເຂົ້າປຸກເຂົ້າໂອດ

musli

ອາຫານຊະນິດເປັນເມັດກອບ

cereals

ເຂົ້າຊຸບເປັນປ່ຽງນ້ອຍໆ

farina

ເຂົ້າແປ້ງ

croissant

ເຂົ້າຈີ່ຊະນິດຫຶ່ງມີຮູບເຄິ່ງເດົ່າໆ
ຫວຍ

panet

ເຂົ້າຂົນມປັ້ງແບບມ້ອນ

pa

ເຂົ້າຂົນມປັ້ງ

torrada

ເຂົ້າຂົນມປັ້ງປີ້ງ

bescuits

ເຂົ້າຂົນມປັ້ງຊະນິດກ້ອນມ້ອຍ

mantega

ເນີຍ

mató

ນ້ຳນົມແຊບ

pastís

ເຄກ

ou

ໄຂ່

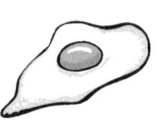

ou fregit

ໄຂ່ດາວ

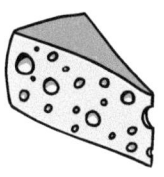

formatge

ເນີຍແຂງ

gelat

ກະແລ້ມ

sucre

ນ້ຳຕານ

mel

ນ້ຳເຜິ້ງ

melmelada

ແຍມ

crema de xocolata

ຊ້ອກໂກແລັດຄຣີມສະເປຣດ

curri

ກະລີ່

granja
ຟາມ

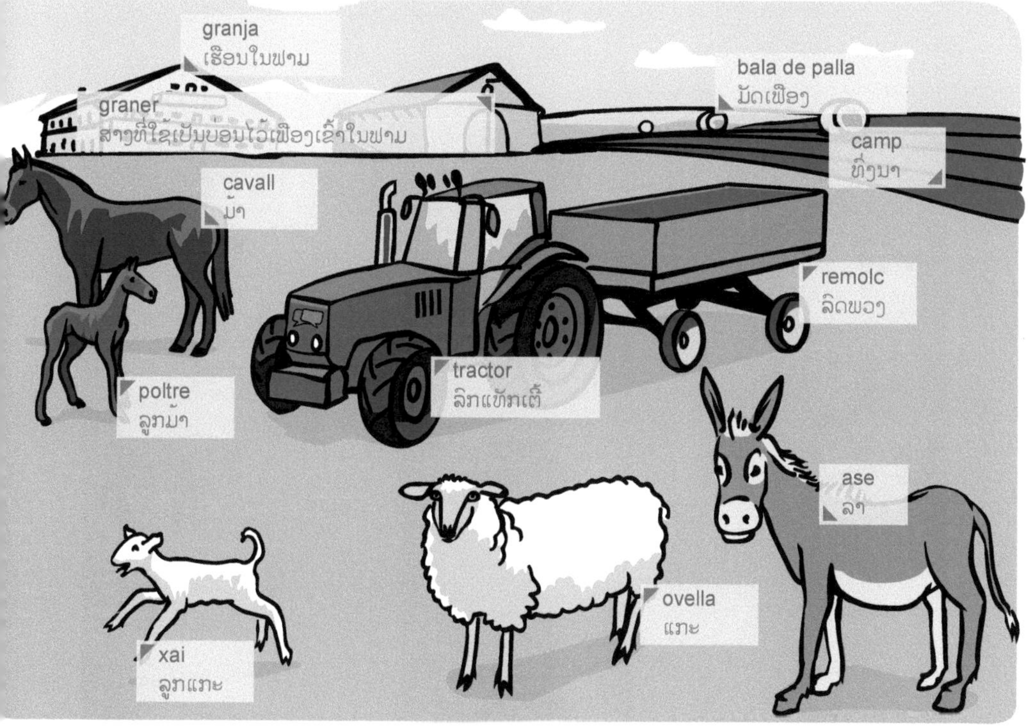
granja
ເຮືອນໃນຟາມ
graner
ສາງທີ່ໃຊ້ເປັນບ່ອນໄວ້ເຟືອງເຂົ້າໃນຟາມ
bala de palla
ມັດເຟືອງ
camp
ທົ່ງນາ
cavall
ມ້າ
remolc
ລົດພ່ວງ
tractor
ລົດແທັກເຕີ້
poltre
ລູກມ້າ
ase
ລາ
ovella
ແກະ
xai
ລູກແກະ

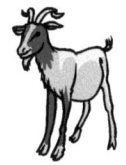

cabra

ແກະ

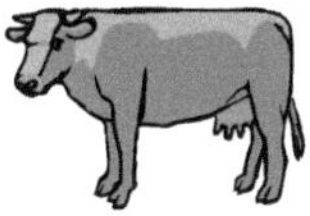

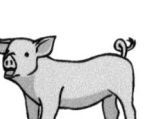

vaca

ງົວຕົວແມ່

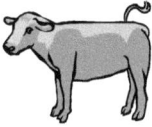

vedella

ລູກງົວ

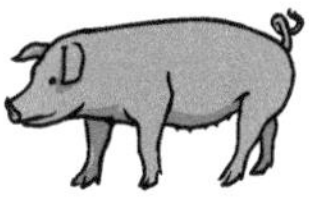

porc

ໝູ

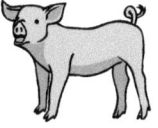

garrí

ລູກໝູ

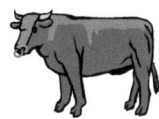

bou

ງົວຕົວຜູ້

oca

ຫ່ານ

ànec

ເປັດ

poll

ລູກໄກ່

gall

ແມ່ໄກ່

gallina

ໄກ່ຜູ້

rata

ໜູ

gat

ແມວ

ratolí

ໜູ

bou

ວົວຕົວຜູ້

gos

ໝາ

gossera

ຄອກໝາ

mànega de regar

ສາຍທໍ່ຍາງທີ່ໃຊ້ໃນສວນ

regadora

ຊ້ອຫົດຕົ້ນໄມ້

dalla

ກ່ຽວດ້າມຍາວ

arada

ຄັນໄຖ

falç

ກຽວ

aixada

ຈົກ

forca

ຄາດ

destral

ຂວານ

carretó

ລົດຍູ້ລໍ້ດຽວ

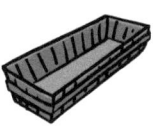

abeurador

ທາງລົນ

lletera

ປ່ອງນົມ

sac

ກະສອບ

tanca

ຮົ້ວ

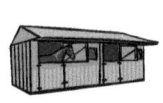

establa

ຄອກມ້າ

hivernacle

ເຮືອນກະຈົກ

sòl

ດິນ

llavor

ແກ່ນ

adob

ປຸ໋ຍ

collidora

ເຄື່ອງກ່ຽວເຂົ້າ

collir

ເກັບກ່ຽວ

collita

ການເກັບກ່ຽວ

nyam

ເຜືອກ

blat

ເຂົ້າສາລີ

soja

ຖົ່ວເຫຼືອງ

patata

ມັນຝັ່ງ

blat de moro o d'indi

ເຂົ້າໂພດ

colza

ດອກເຣພຂີດ

arbre fruiter

ຕົ້ນໄມ້ທີ່ອອກໝາກ

mandioca

ມັນຕົ້ນ

cereals

ພືດຂະນົດເມັດ

casa
ເຮືອນ

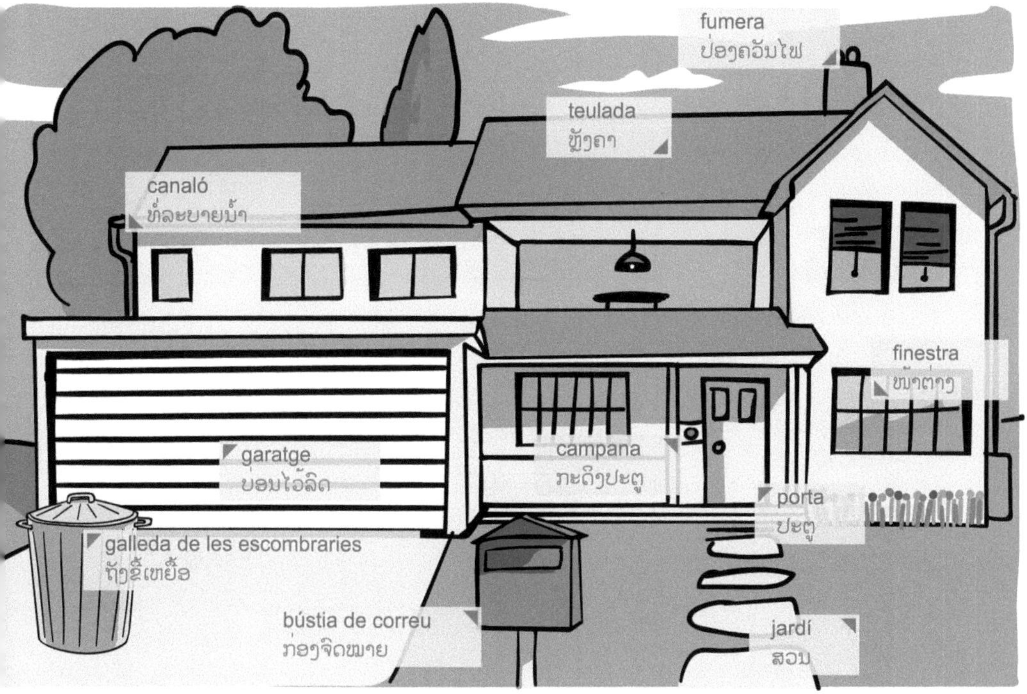
fumera
ປ່ອງຄວັນໄຟ
teulada
ຫຼັງຄາ
canaló
ທໍ່ລະບາຍນ້ຳ
finestra
ໜ້າຕ່າງ
garatge
ບ່ອນໄວ້ລົດ
campana
ກະດິ່ງປະຕູ
porta
ປະຕູ
galleda de les escombraries
ຖັງຂີ້ເຫຍື້ອ
bústia de correu
ກ່ອງຈົດໝາຍ
jardí
ສວນ

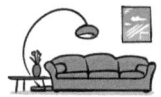

sala d'estar

ຫ້ອງຮັບແຂກ

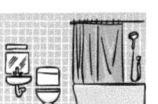

bany

ຫ້ອງນ້ຳ

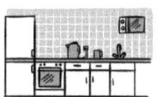

cuina

ຫ້ອງຄົວ

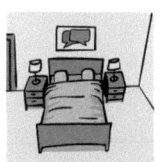

cambra de dormir

ຫ້ອງນອນ

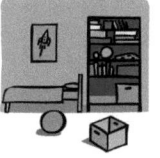

cambra de nen

ຫ້ອງພັກສຳລັບເດັກນ້ອຍ

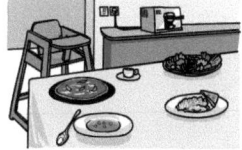

menjador

ຫ້ອງອາຫານ

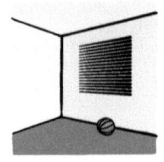

sòl

ພື້ນ

paret

ຝາຜະໜັງ

sostre

ເພດານ

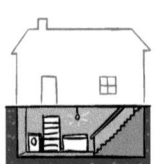

soterrani

ຫ້ອງເກັບເຄື່ອງໃຕ້ດິນ

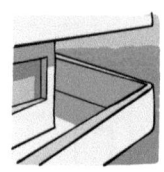

sauna

ຫ້ອງອົບອາຍນ້ຳ

balcó

ລະບຽງ

terrassa

ຊັ້ນຕາມຂາງພູ

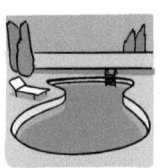

piscina

ສະລອຍນ້ຳ

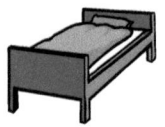

tallagespa

ເຄື່ອງຕັດຫຍ້າ

vànova

ຜ້າປູບ່ອນນອນ

cobrellit

ຜ້າຫຸຍ⁣ຽງ

llit

ຕຽງ

escombra

ຟອຍ

galleda

ຖຸ

interruptor

ສະວິດ

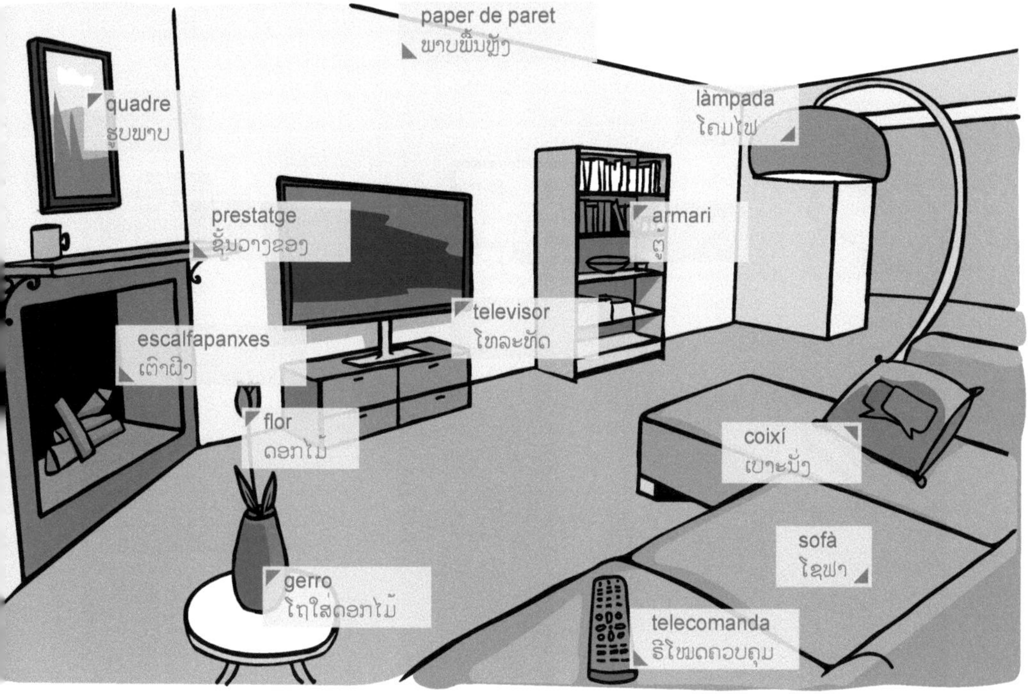

paper de paret
ພາບພິ້ມຝ້າ

quadre
ຮຸບພາບ

làmpada
ໂຄມໄຟ

prestatge
ຊັ້ນວາງຂອງ

armari
ຕູ້

escalfapanxes
ເຕົາຜີງ

televisor
ໂທລະທັດ

flor
ດອກໄມ້

coixí
ເບາະມັ່ງ

gerro
ໂຖໃສ່ດອກໄມ້

sofà
ໂຊຟາ

telecomanda
ຣີໂມດຄອບຄຸມ

catifa
ພົມປູພື້ນ

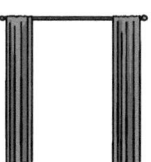

cortina
ຜ້າກັ້ງ

taula
ໂຕະ

cadira
ຕັ່ງນັ່ງ

cadira gronxadora
ຕັ່ງນັ່ງແບບໂຍກໄດ້

cadiral
ຕັ່ງນັ່ງທີ່ມີບ່ອນວາງແຂນ

llibre

ໜັງສື

llençol

ຜ້າຫົ່ມ

decoració

ຂອງຕິກແຕ່ງ

llenya

ຟືນ

film

ຮູບເງົາ

cadena de música

ເຄື່ອງຽງລະບົບໄຮໄຟ

clau

ກະແຈ

diari

ໜັງສືພິມ

pintura

ການແຕ້ມຮູບ

cartell

ໂປສເຕີ

ràdio

ວິທະຍຸ

bloc de notes

ແຜນບັນທຶກ

aspiradora

ເຄື່ອງດູດຝຸ່ນ

cactus

ຕົ້ນກະບອງເພັດ

candela

ທຽນໄຂ

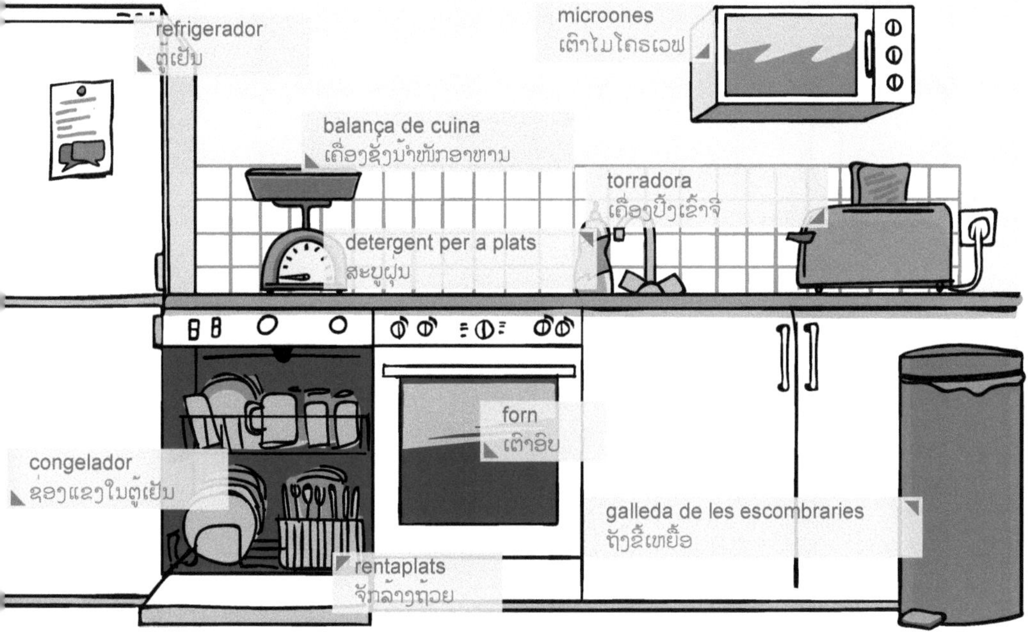

refrigerador
ຕູ້ເຢັນ

microones
ເຕົາໄມໂຄຣເວຟ

balança de cuina
ເຄື່ອງຊັ່ງນ້ຳໜັກອາຫານ

torradora
ເຄື່ອງປີ້ງເຂົ້າຈີ່

detergent per a plats
ສະບູຝຸ່ນ

forn
ເຕົາອົບ

congelador
ຊ່ອງແຊງໃນຕູ້ເຢັນ

galleda de les escombraries
ຖັງຂີ້ເຫຍື້ອ

rentaplats
ຈັກລ້າງຖ້ວຍ

cuina de fogons
ໝໍ້ຕົ້ມ

olla
ໝໍ້

olla de ferro colat
ໝໍ້ເຫຼັກກາຫຼໍ່

wok / karahi
ໝໍ້ກະທະຈືນ

paella
ໝໍ້ກະທະກົ້ນແບນ

bullidor
ກາຕົ້ມນ້ຳ

olla de vapor

ໝໍ້ອົບນ້ຳ

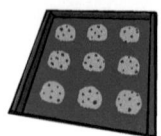

plata de forn

ຖາດອົບ

vaixella

ເຄື່ອງຖ້ວຍຊາມ

tassa grossa

ຈອກທຶມ

bol

ຖ້ວຍ

bastonets xinesos

ໄມ້ທູ່

culler

ຈອງດ້າມຍາວ

espàtula

ຕະຫຼິວ

batedor

ເຄື່ອງຕີໄຂ່

colador

ກະຊອນ

sedàs

ເຄື່ອງຮ່ອນ

ratllador

ເຫຼັກຂູດ

morter

ຄົກ

barbacoa

ບາບິຄິວ

foc a terra

ແຄມໄຟຖາງວອນ

taula de tallar

ຂຽງ

corró

ໄມ້ບວດແປ້ງ

llevataps

ເຫຼັກໄຂຄອນແກ້ວ

pot de conserva

ກະປ໋ອງ

obridor

ເຄື່ອງເປີດກະປ໋ອງ

agafador

ຖົງມືຈັບຂອງຮ້ອນ

aigüera

ອ່າງລ້າງຈານ

raspall

ແປງ

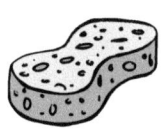

esponja

ຟອງນ້ຳ

batedora

ເຄື່ອງປັ່ນ

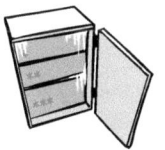

congelador

ຕູ້ແຊແຂງ

biberó

ຂວດນົມ

aixeta

ກ໊ອກນ້ຳ

bany

ຫ້ອງນ້ຳ

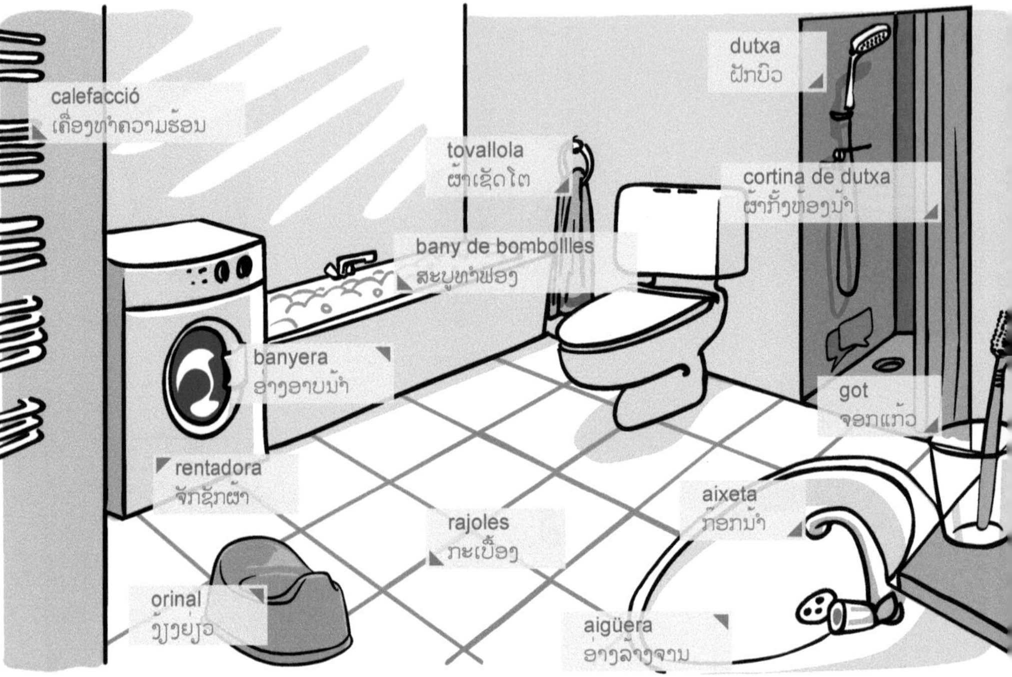

calefacció
ເຄື່ອງທຳຄວາມຮ້ອນ
dutxa
ຝັກບົວ
tovallola
ຜ້າເຊັດໂຕ
cortina de dutxa
ຜ້າກັ້ງຫ້ອງນ້ຳ
bany de bombolles
ສະບູທຳຟອງ
banyera
ອ່າງອາບນ້ຳ
got
ຈອກແກ້ວ
rentadora
ຈັກຊັກຜ້າ
aixeta
ກ໊ອກນ້ຳ
rajoles
ກະເບື້ອງ
orinal
ງ້ຽວຍ່ຽວ
aigüera
ອ່າງລ້າງຈານ

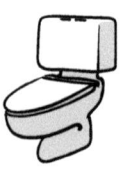

lavabo

ຫ້ອງສ້ວມ

lavabo turc

ໂຖສ້ວມແບບນັ່ງຍອງ

bidet

ໂຖຍ່ຽວຂອງຜູ້ຍິງ

orinador

ໂຖຍ່ຽວຂອງຜູ້ຊາຍ

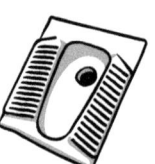

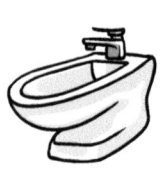

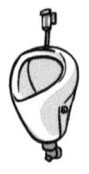

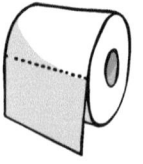

paper higiènic

ກະດາດຊຳລະທີ່ໃຊ້ໃນຫ້ອງນ້ຳ

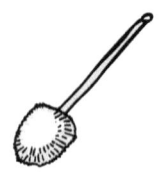

escombreta de sanitari

ແປງຂັດຫ້ອງນ້ຳ

raspall de dents

ແປງສີຟັນ

pasta de dents

ຍາສີຟັນ

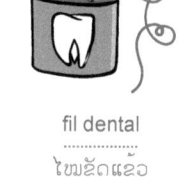

fil dental

ໄໝຂັດແຂ້ວ

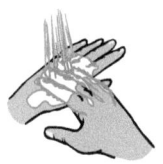

rentar

ລ້າງ

pom de dutxa

ຝັກບົວອາບນ້ຳທີ່ໃຊ້ມືຈັບ

dutxa íntima

ເຄື່ອງສິດລ້າງ

rentamans

ອ່າງລ້າງໜ້າ

raspall per a l'esquena

ແປງຖູຫຼັງ

sabó

ສະບູ

gel de dutxa

ເຈລອາບນ້ຳ

xampú

ແຊມພູ

manyopla de bany

ຜ້າຖູໂຕນອຍ

bonera

ທໍ່ລະບາຍນ້ຳເສຍ

crema

ຄີມ

desodorant

ຍາດັບກິ່ນ

mirall

ແວ່ນແຍງ

mirall-espill de mà

ແວ່ນມືຖື

maquineta de rasar

ມີດແຖຫນວດ

espuma de barbejar

ໂຟມແຖຫນວດ

loció post-rasada

ໂລຊັ່ນບຳລຸຜິວຫຼັງແຖຫນວດ

pinta

ຫວີ

raspall

ແປງ

eixugador

ຈັກເປົ່າຜົມ

laca

ສະເປຊີດຜົມ

maquillatge

ຊຸດເຄື່ອງສຳອາງ

pintallavis

ລິບສະຕິກທາສົບ

esmalt d'ungles

ນ້ຳຢາທາເລັບ

cotó

ສຳລີ

tallaungles

ມີດຕັດເລັບ

perfum

ນ້ຳຫອມ

estoig de bellesa

ກະເປົ໋າອາບນ້ຳ

tamboret

ຕັ່ງສາມຂາ

bàscula

ເຄື່ອງຊັ່ງນ້ຳໜັກ

barnús

ເສື້ອຄຸມອາບນ້ຳ

guants de goma

ຖົງມືຢາງ

compresa higiènica

ຜ້າອະນາໄມແບບສອດ

compresa

ຜ້າອະນາໄມ

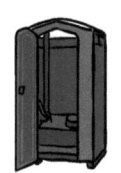

sanitari químic

ຫ້ອງນ້ຳເຄມີ

cambra de nen
ຫອງພັກສຳລັບເດັກນອຍ

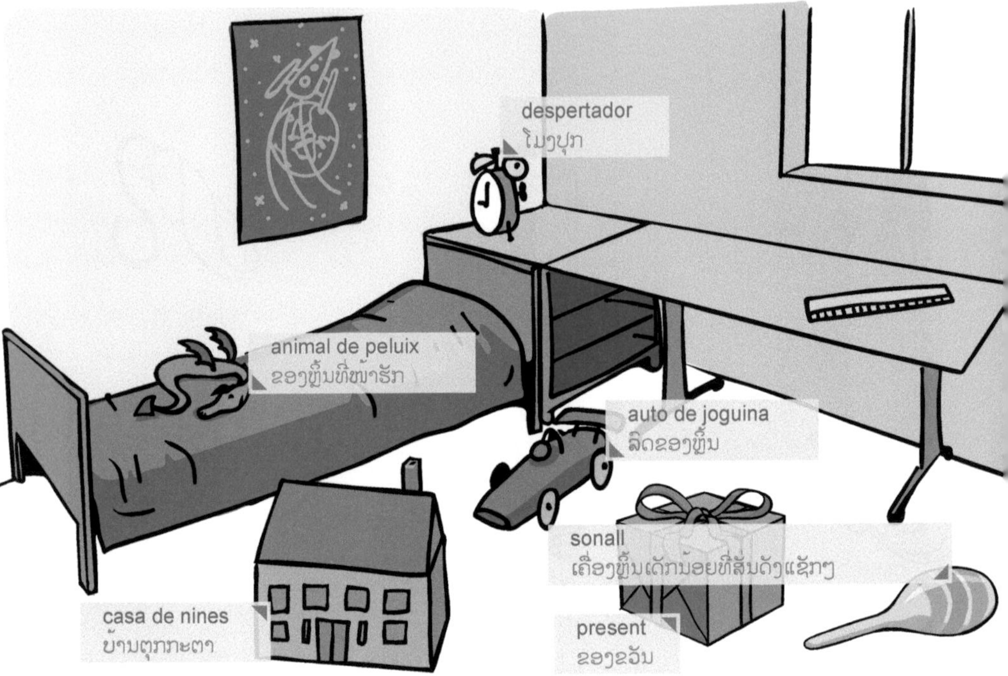

despertador
ໂມງປຸກ
animal de peluix
ຂອງຫຼິ້ນທີ່ໜ້າຮັກ
auto de joguina
ລົດຂອງຫຼິ້ນ
sonall
ເຄື່ອງຫຼິ້ນເດັກນ້ອຍທີ່ສັ່ນດັງແຊັກໆ
casa de nines
ບ້ານຕຸກກະຕາ
present
ຂອງຂວັນ

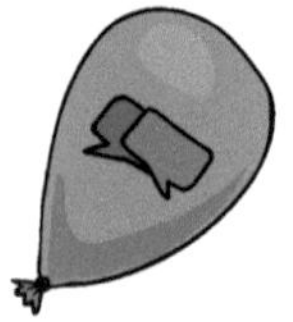

baló

ໝາກປຸມເປົ້າ

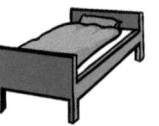

llit

ຕຽງ

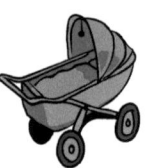

cotxet per a nens

ລົດຍູ້ເດັກ

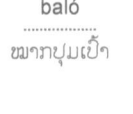

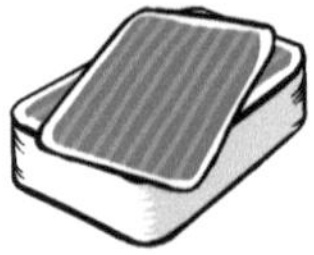

joc de cartes

ຊຸມໄພ້

trencaclosca

ຈິກຊໍ

SUPER
MEGA

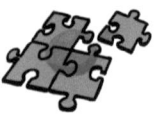

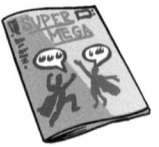

historieta

ໜັງສືກາຕູນ

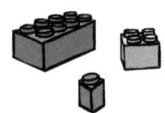

peces de lego

ຕິວຕໍ່ເລໂກ້

peces de construcció

ບລ໋ອກຂອງຫຼິ້ນ

ninot d'acció

ຮູບປັ້ນທີ່ເຄື່ອນໄຫວໄດ້

granota

ເສື້ອຜ້າເດັກເກີດໃໝ່

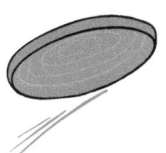

frisbee

ຈານບິນ

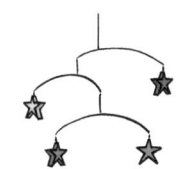

mòbil per a bressol

ສິ່ງທີ່ແກວ່ງໄປມາແຂນຢູ່ເທິງທິ່ງ
ຕຽງເດັກນ້ອຍ

joc de taula

ເກມກະດານ

daus

ໝາກກະລ້ອກ

tren elèctric

ຊຸດລົດໄຟຈຳລອງ

xumet

ຮູບທຸນ

festa

ງານລ້ຽງ

llibre de dibuixos

ໜັງສືພາບ

pilota

ໝາກບານ

nina

ຕຸກກະຕາ

jugar

ຫຼິ້ນ

sorrera

ຂຸມດິນຊາຍສຳລັບເດັກນ້ອຍຫຼິ້ນ

gronxador

ຊີງຊ້າ

joguines

ຂອງຫຼິ້ນ

consola de jocs de vídeo

ເຄື່ອງຫຼິ້ນວິດີໂອເກມ

tricicle

ລົດຖີບສາມລໍ້

osset de peluix

ຕຸກກະຕາຫມີ

armari

ຕູ້ເສື້ອຜ້າ

roba

ເສື້ອຜ້າ

mitjons

ລອງເທົ້າ

mitges

ຖົງເທົ້າຍາວຜູ້ຍິງ

mitja pantaló

ໂສ້ງຢືດແບບເນື້ອ

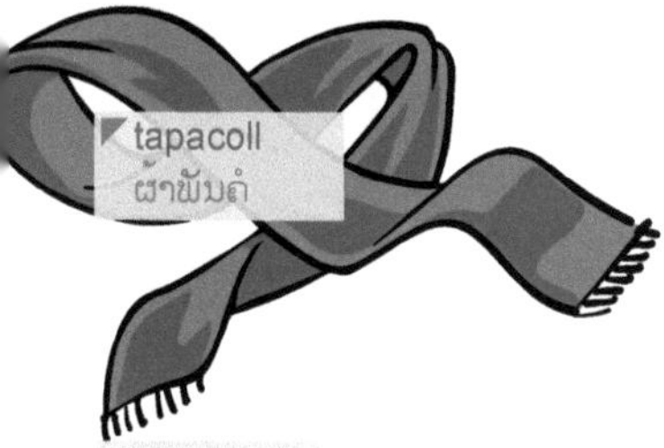

tapacoll
ຜ້າພັນຄໍ

cintura
ສາຍແອວ

paraigua
ຄັນຮົ່ມ

camiseta
ເສື້ອຍືດຄໍມົນ

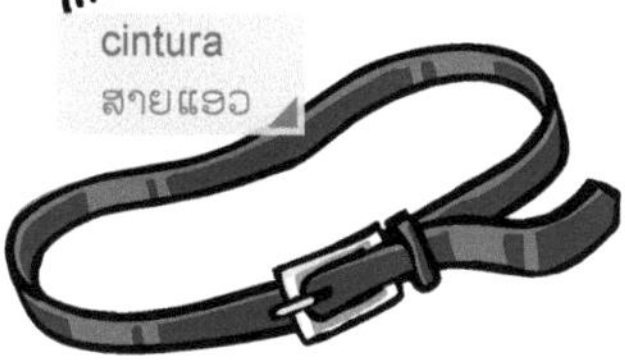

botes
ເກີບບູ໊ດທ໌

plantofes
ເກີບແຕະ

sabates d'esport
ເກີບກິລາ

sandàlies

ເກີບຮັດດານ

sabates

ເກີບ

botes de goma

ເກີບບູດທ໌ຍາງ

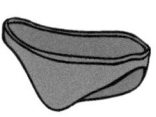

calçonets

ໂສ້ງຊ້ອນໃນ

sostenidor

ເສື້ອຊ້ອນໃນ

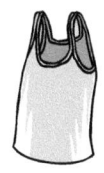

guardapits

ເສື້ອມກ້າມ

jjustacòs

ເສື້ອຮັດທຸ່ນ

pantalons

ໂສ້ງຂາຍາວ

jeans

ໂສ້ງຍີນ

faldeta

ກະໂປ່ງ

brusa

ເສື້ອຜູ້ຍິງ

camisa

ເສື້ອເຊີດ

jersei

ເສື້ອກັນຂນາວ

dessuadora

ເສື້ອຄຸມມີໝວກ

blazer

ເສື້ອໃຫຍ່ທີ່ຕິດກາໂຮງຮຽນຫຼືກາທີ
ນກີລາ

jaqueta

ເສື້ອແຈັກເກັດ

mantell

ເສື້ອນອກ

impermeable

ເສື້ອກັນຝົນ

vestit de dona

ເຄື່ອງແຕ່ງກາຍ

vestit de dona

ກະໂປ່ງ

vestit de núvia

ຊຸດແຕ່ງງານ

vestit d'home
ເສື້ອສູດ

camisa de dormir
ຊຸດລາຕີ

pijama
ຊຸດນອນ

sari
ຊຸດຊາຣິ

mocador de cap
ຜ້າຄຸມຫົວ

turbant
ຜ້າພັນຫົວ

burca
ເສື້ອບຸຣເກາະ

caftan
ເສື້ອຄຸມຄາຟຕານ

abaia
ເສື້ອຄຸມອາບາຍາ

vestit de bany
ຊຸດລອຍນ້ຳ

calçon(et)s de bany
ໃສ້ງໃສ່ລອຍນ້ຳ

pantalons curts
ໃສ້ງຂາສັ້ນ

xandall
ຊຸດອອມ

davantal
ຜ້າກັນເປື້ອນ

guants
ຖົງມື

botó

ກະດຸມ

ulleres

ແວ່ນຕາ

braçalet

ປອກແຂນ

collaret

ສ້ອຍຄໍ

anell

ແຫວນ

orellera

ຕຸ້ມຫູ

casquet

ໝວກແກັບ

penjador

ກັງແຂນເສື້ອນອກ

capell

ໝວກ

corbata

ກາລະຫວັດ

cremallera

ຊິບ

casc

ໝວກກັນກະທົບ

elàstics

ສາຍໂຍງໂສ້ງ

uniforme escolar

ຊຸດນັກຮຽນ

uniforme

ເຄື່ອງແບບ

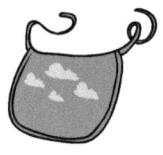

pitet

ຜ້າກັນເປື້ອນເດັກ

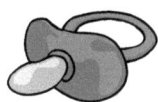

xumet

ຮູບຫຸ່ນ

bolquer

ຜ້າອ້ອມ

oficina

ຫ້ອງການ

servidor
ເຊີບເວີ
armari arxivador
ຕູ້ເອກະສານ
impressora
ເຄື່ອງພິມ
paper
ເຈ້ຍ
monitor
ຈໍພາບ
ratolí
ເມົ້າ
escriptori
ໂຕະເຮັດວຽກ
arxivador
ແຟ້ມເອກະສານ
teclat
ແປ້ນພິມ
paperera
ກະຕ່າໃສ່ເສດເຈ້ຍ
ordinador
ຄອມພິວເຕີ
cadira
ຕັ່ງນັ່ງ

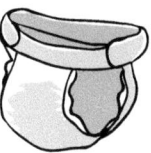

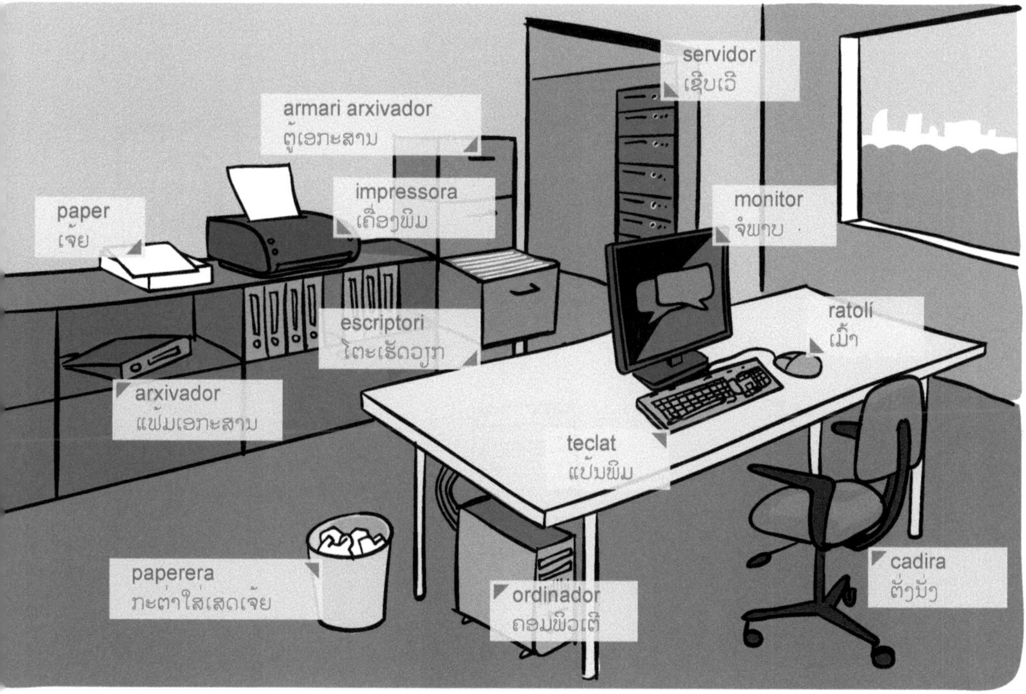

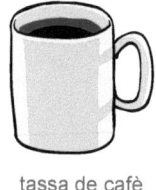

tassa de cafè

ຈອກຫີນໃສ່ກາເຟ

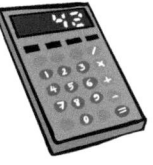

calculadora

ເຄື່ອງຄິດເລກ

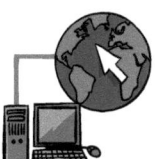

Internet

ອິນເຕີເນັດ

ordinador portàtil

ຄອມພິວເຕີແລັບທ໊ອບ

lletra

ຈິດໝາຍ

missatge

ຂໍ້ຄວາມ

mòbil

ໂທລະສັບມືຖື

xarxa

ເຄືອຂ່າຍ

fotocopiadora

ເຄື່ອງຖ່າຍເອກະສານ

programari

ຊອບແວ

telèfon

ໂທລະສັບ

presa de corrent

ປັກໄຟ

fax

ເຄື່ອງແຟັກ

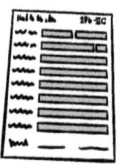

formulari

ແບບຟອມ

document

ເອກະສານ

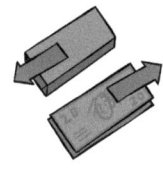

comprar

ຊື້

pagar

ຈ່າຍ

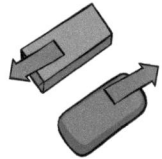

comerciar

ຄ້າຂາຍ

diners

ເງິນ

dòlar

ເງິນດອມລາ

euro

ເງິນຢູໂຣ

ien

ເງິນເຢນ

ruble

ເງິນຣູເບິລ

franc suís

ເງິນຝຣັງສະວິດ

renminbi

ເງິນຢວນເອິນພິມບີ້

rupia

ເງິນຣູປີ

caixa automàtica

ເຄື່ອງສາລັບກົດເງິນສົດຈາກທະນາຄານ

oficina de canvi

ບ່ອນແລກປ່ຽນເງິນຕາ

or

ທອງຄຳ

argent

ເງິນ

petroli

ນ້ຳມັນ

energia

ພະລັງງານ

preu

ລາຄາ

contracte

ສັນຍາ

impost

ພາສີ

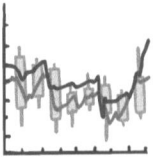

acció

ຫຸ້ນ

treballar

ເຮັດວຽກ

treballador

ລູກຈ້າງ

empresari

ນາຍຈ້າງ

fàbrica

ໂຮງງານ

botiga

ຮ້ານຄ້າ

oficis
ອາຊີບ

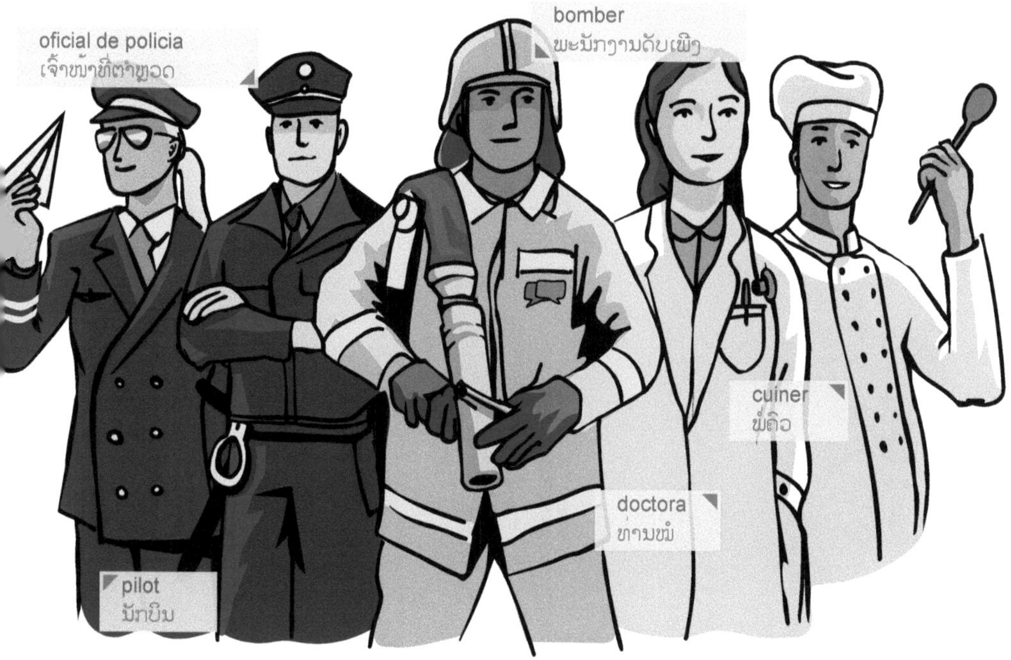
bomber
ພະນັກງານດັບເພີງ
oficial de policia
ເຈົ້າໜ້າທີ່ຕຳຫຼວດ
cuiner
ພໍ່ຄົວ
doctora
ທ່ານໝໍ
pilot
ນັກບິນ

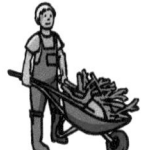

jardiner

ຊາວສວນ

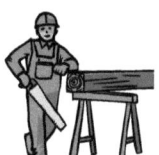

fuster

ຊ່າງໄມ້

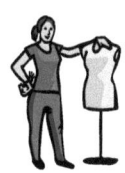

costurera

ຊ່າງຫຍິບຜ້າທີ່ເປັນຜູ້ຍິງ

jutge

ຜູ້ພິພາກສາ

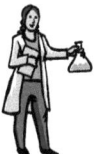

química

ນັກເຄມີ

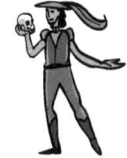

actor

ນັກສະແດງຊາຍ

conductor d'autobús

ຄົນຂັບລົດເມປະຈຳທາງ

taxista

ຄົນຂັບແທັກຊີ

pescador

ຊາວປະມົງ

dona de la neteja

ແມ່ບ້ານທຳຄວາມສະອາດ

ensostrador

ຊ່າງມຸງຫຼັງຄາ

cambrer

ຄົນເສີບຂາຍ

caçador

ນາຍພານ

pintor

ຊ່າງທາສີ

forner

ຄົນເຮັດເຂົ້າໜົມປັ໌ງ

electricista

ຊ່າງໄຟຟ້າ

obrer de la construcció

ຊ່າງກໍ່ສ້າງ

enginyer

ວິສະວິກອນ

carnisser

ຄົນຂາຍຊີ້ນ

llanterner

ຊ່າງນ້ຳປະປາ

correu

ບຸລຸດໄປສະນີ

soldat

ທະຫານ

arquitecte

ສະຖາປະນິກ

caixera

ພະນັກງານເກັບສິດ

florista

ຄົນຂາຍດອກໄມ້

perruquer

ຊ່າງແຕ່ງຜົມ

revisor

ພະນັກງານກວດປີ້ລົດ

mecànic

ຊ່າງສ້ອມລົດຍົນ

capità

ຜູ້ບັງຄັບການ

dentista

ທັນຕະແພດ

científic

ນັກວິທະຍາສາດ

rabí

ພະໃນສາສະໜາຢິວ

imam

ຜູ້ນຳຊາວມຸສລິມ

monjo

ຄູບາ

capellà

ນັກບວດ

eines
ເຄື່ອງມື

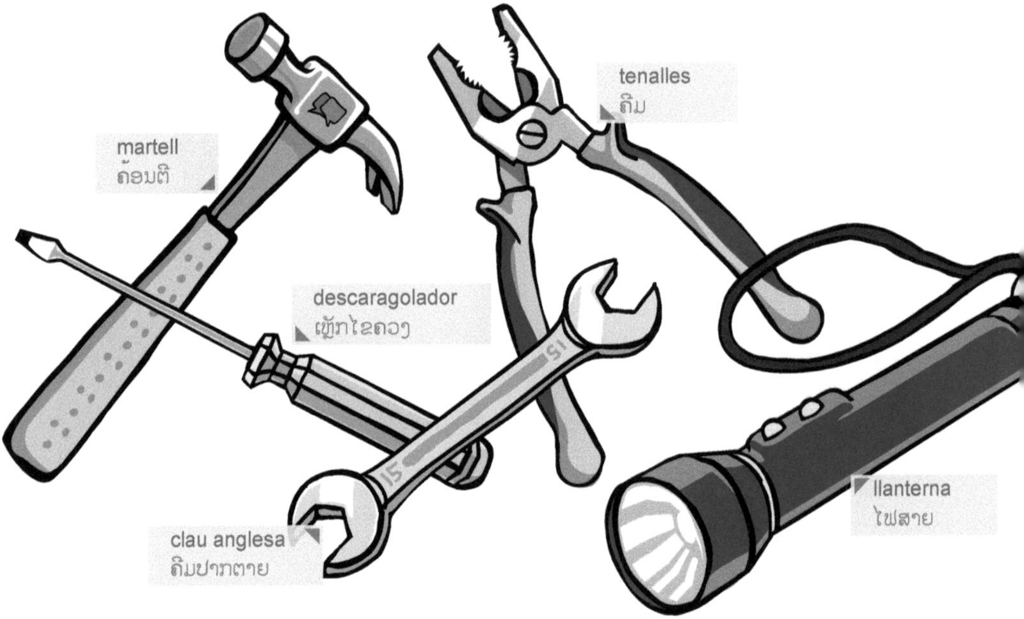
martell
ຄ້ອນຕີ
tenalles
ຄີມ
descaragolador
ເຫຼັກໄຂຄວງ
clau anglesa
ຄີມປາກຕາຍ
llanterna
ໄຟສາຍ

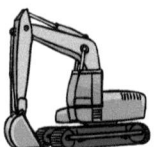

excavadora
ເຄື່ອງຂູດ

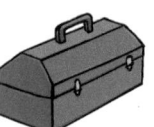

caixa d'eines
ກັບເຄື່ອງມື

escala
ຂັ້ນໄດ

serra
ເລື່ອຍ

claus
ຕະປູ

trepant
ເຫຼັກຊີ

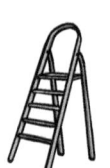

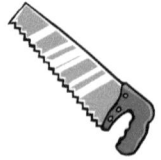

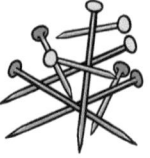

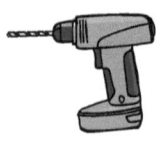

reparar
ສ້ອມແປງ

pala
ຊ້ວາມ

Maleït siga!
ຕາຍຫາ!

pala
ຂອງຊ້ວາມຂີ້ເຫຍື້ອ

pot de pintura
ຖັງສີ

caragols
ຕະປູກຽວ

instrument de música
ເຄື່ອງດົນຕີ

altaveu
ລຳໂພງ

bateria
ກອງຊຸດ

guitarra
ກີຕ້າ

contrabaix
ດັບເບິ້ລເບສ

trompeta
ແກກທອງເຫຼືອງ

piano

ເປຍໂນ

violí

ໄວໂອລິນ

baix

ເບສ

timbal

ກອງທິມປານີ

tambor

ກອງຊຸດ

teclat

ຄີບອດ

saxofon

ແຊັກໂຊໂຟນ

flauta

ຂຸຍ

micròfon

ໄມໂຄຣໂຟນ

entrada
ທາງເຂົ້າ

tigre
ເສືອ

gàbia
ກົງຂັງມົງ

zebra
ມ້າລາຍ

aliment per a animals
ອາຫານສັດ

ós panda
ໝີແພນດ້າ

animals
ສັດ

elefant
ຊ້າງ

cangurú
ກັງກາຣູ

rinoceront
ແຮດ

goril·la
ລີງໂກມໃຫຍ່

ós
ໝີ

camell

ອູດ

estruç

ນົກກະຈອກເທດ

lleó

ສິງໂຕ

simi

ລິງ

flamenc

ນົກຟລາມິງໂກ

papagai

ນົກແກ້ວ

ós polar

ໝີຂົ້ວໂລກ

pingüí

ນົກເພັນກວິນ

ca mari

ປາສະຫາມ

paó

ນົກຍູງ

serp

ງູ

cocodril

ແຂ

guardià del zoo

ຜູ້ເບິ່ງແຍງສວນສັດ

foca

ແມວນ້ຳ

jaguar

ເສືອຈາກົວ

poni

ມ້າພັນນ້ອຍ

lleopard

ເສືອດາວ

hipopòtam

ຮິບໂປ

girafa

ໂຕຈິຣາຟ

àliga

ໜ່ງວ

senglar

ໝູປ່າຕົວຜູ້

peix

ປາ

tortuga

ເຕົ່າ

morsa

ຊ້າງນ້ຳ

guineu

ໝາຈອກ

gasela

ກວາງນ້ອຍ

futbol americà
ອາເມລິກັນຟຸດບອນ

ciclisme
ຂີ່ລົດຖີບ

tenis
ກິລາເທນນິສ

bàsquet
ບັສເກັດບອລ

natació
ກິລາລອຍນ້ຳ

boxa
ຊິກມວຍ

hoquei sobre gel
ກິລາຕີຄຶເດີ່ນ້ຳແຂງ

futbol americà
ກິລາເຕະບານ

bàdminton
ກິລາຕີດອກປິກໄກ່

atletisme
ກິລາປະເພດ ແລ່ນ
ເຕັ້ນແລະແກວ່ງ

handbol
ແຮນບອລ

esquí
ກິລາສະກີ້

polo
ກິລາໃບໂລມ້າ

riure
ຫົວ

saltar
ໂດດ

abraçar
ກອດ

anar
ຍ່າງ

cantar
ຮ້ອງເພງ

somiar
ຝັນ

pregar
ໄຫວ້ພະ / ສວດມົນ

fer un petó
ຈູບ

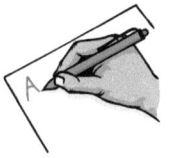

escriure
ຂຽນ

dibuixar
ແຕ້ມ

mostrar
ສະແດງ

pitjar
ຍູ້

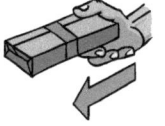

donar
ໃຫ້

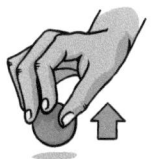

prendre
ເອົາໄປ

tenir

ມີ

fer

ເຮັດ

ésser

ເປັນ

estar dret

ຢືນ

córrer

ແລ່ນ

estirar

ດຶງ

llançar

ໂຍນ

caure

ລົ້ມ

jeure

ນອນຢຽດ

esperar

ລໍຖ້າ

portar

ຖື

asseure's

ນັ່ງ

vestir-se

ແຕ່ງຕົວ

dormir

ນອນຫຼັບ

despertar-se

ຕື່ນນອນ

mirar
ເບິ່ງ

plorar
ຮ້ອງໄຫ້

amoixar
ລູບ

pentinar
ຫວີຜົມ

parlar
ລົມ

comprendre
ເຂົ້າໃຈ

demanar
ຄຳຖາມ

escoltar
ຟັງ

beure
ດື່ມ

menjar
ກິນ

endreçar
ຈັດໃຫ້ເປັນລະບຽບ

estimar
ຮັກ

cuinar
ຄົວກິນ

conduir
ຂັບລົດ

volar
ບິນ

navegar

ແລ່ນເຮືອ

calcular

ຄິດໄລ່

llegir

ອ່ານ

aprendre

ຮຽນຮູ້

treballar

ເຮັດວຽກ

casar-se

ແຕ່ງງານ

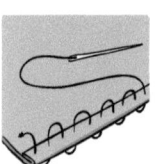

cosir

ຫຍິບ

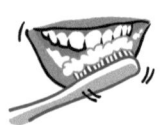

raspallar-se les dents

ແປງຟັນ

matar

ຂ້າ

fumar

ສູບຢາ

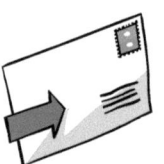

enviar

ສົ່ງ

àvia
ແມ່ເຖົ້າ

avi
ພໍ່ເຖົ້າ

pare
ພໍ່

mare
ແມ່

nadó
ເດັກເກີດໃໝ່

filla
ລູກສາວ

fill
ລູກຊາຍ

convidat

ແຂກ

tia

ປ້າ

oncle

ລຸງ

germà

ອ້າຍນ້ອງ

germana

ເອື້ອຍນ້ອງ

cos

ຮ່າງກາຍ

front
ໜ້າຜາກ
ull
ຕາ
espatlla
ບ່າໄຫຼ່
dit
ນິ້ວມື
cara
ໃບໜ້າ
barbeta
ຄາງ
mà
ມື
pit
ໜ້າເອິກ
cama
ຂາ
braç
ແຂນ

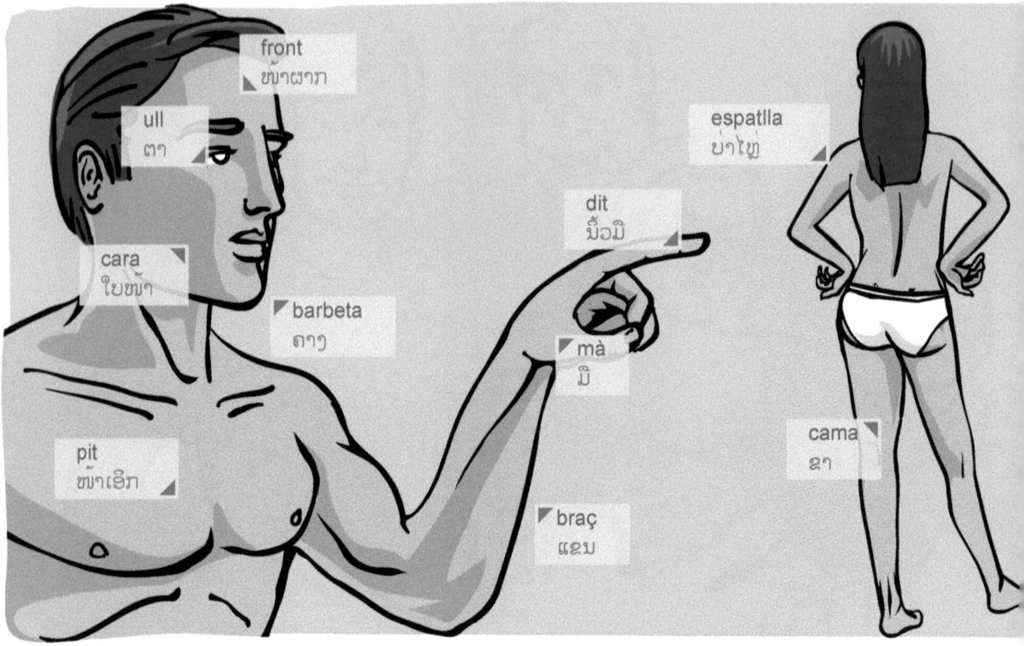

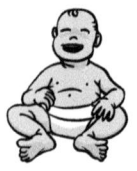

nadó

ເດັກເກີດໃໝ່

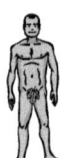

home

ຜູ້ຊາຍ

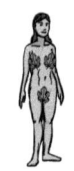

dona

ຜູ້ຍິງ

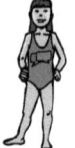

noia

ເດັກຍິງ

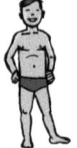

noi

ເດັກຊາຍ

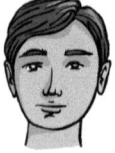

cap

ຫົວ

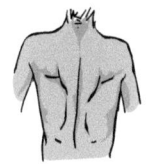

esquena

ຫຼັງ

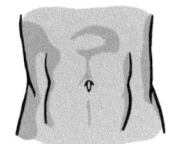

panxa

ທ້ອງ

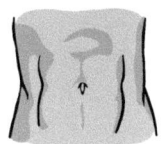

melic

ສະບື

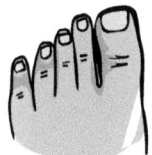

dit gros del peu

ນິ້ວຕິນ

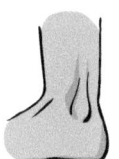

taló

ສົ້ນຕິນ

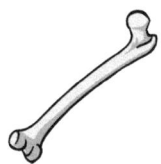

os

ກະດູກ

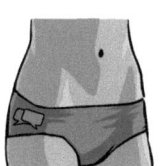

maluc

ກະໂພກ

genoll

ຫົວເຂົ່າ

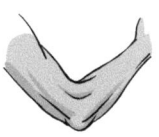

colze

ແຂນສອກ

nas

ດັງ

cul

ກົ້ນ

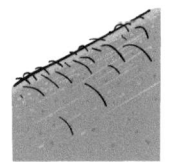

pell

ຜິວໜັງ

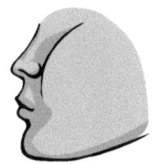

galta

ແກ້ມ

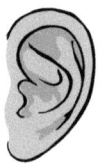

orella

ຫູ

llavi

ຮິມສົບ

boca

ປາກ

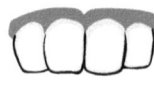

dent

ແຂ້ວ

llengua

ລີ້ນ

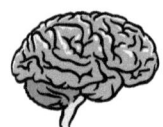

cervell

ສະໝອງ

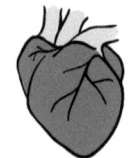

cor

ຫົວໃຈ

múscul

ກ້າມເນື້ອ

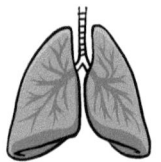

pulmó

ປອດ

fetge

ຕັບ

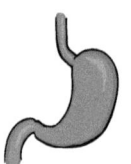

estómac

ກະເພາະ

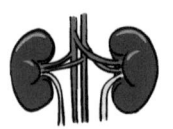

ronyó

ໄຕ

relació sexual

ເພດສຳພັນ

preservatiu

ຖົງຢາງອະນາໄມ

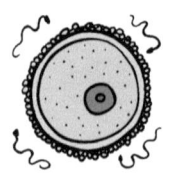

ovari

ເຊ້ລສືບພັນ

semen

ນ້ຳອະສຸຈິ

prenyat

ການຖືພາ

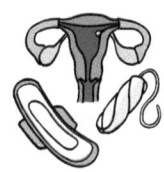

menstruació

ປະຈຳເດືອນ

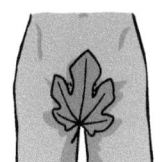

vagina

ຊ່ອງຄອດ

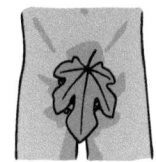

penis

ອະໄວຍະວະເພດຊາຍ

cella

ຄິ້ວ

cabells

ເສັ້ນຜົມ

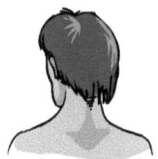

coll

ຄໍ

hospital
ໂຮງໝໍ

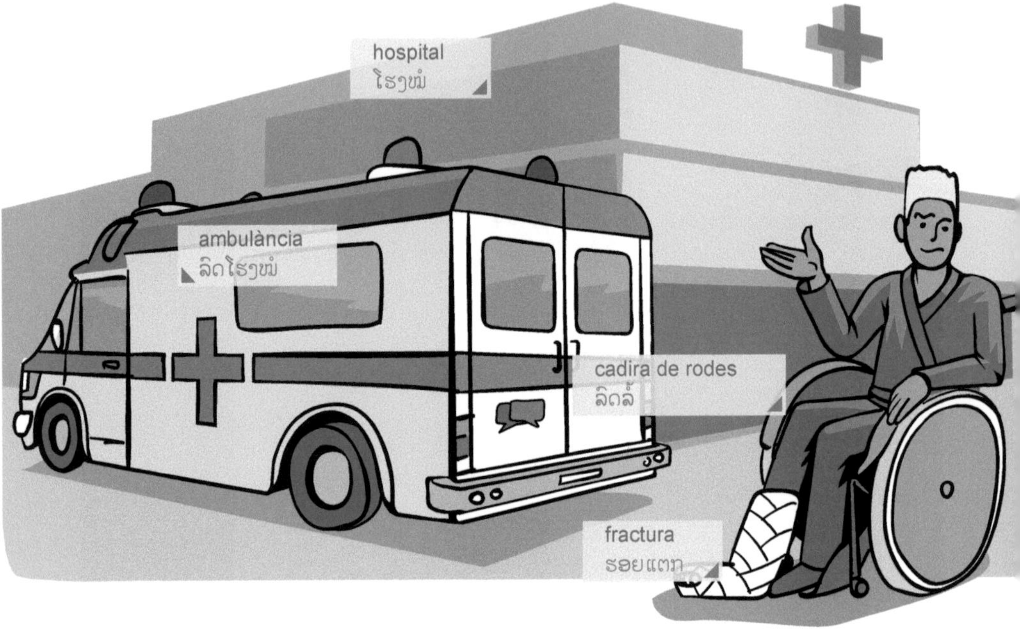
hospital
ໂຮງໝໍ
ambulància
ລົດໂຮງໝໍ
cadira de rodes
ລົດລໍ້
fractura
ຮອຍແຕກ

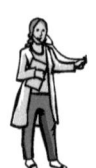

doctora

ທ່ານໝໍ

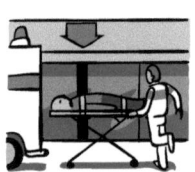

sala d'urgències

ຫ້ອງສຸກເສີນ

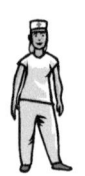

infermera

ພະຍາບານ

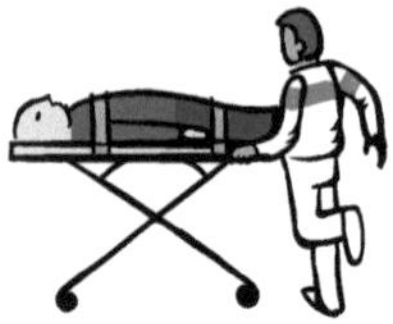

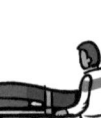

urgència

ສຸກເສີນ

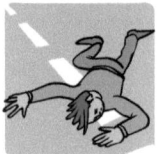

inconscient

ໝົດສະຕິ

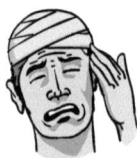

dolor

ອາການເຈັບປວດ

ferida

ภามบาดเจ็บ

sagnament

ເລືອດໄຫລ

atac de cor

ຫົວໃຈວາຍ

apoplexia

ໂຣກຫຼອດເລືອດໃນສະໝອງ

al·lèrgia

ອາການແພ້

tos

ໄອ

febre

ໄຂ້

gripa

ໄອຫວັດ

diarrea

ຖອກທ້ອງ

mal de cap

ເຈັບຫົວ

càncer

ໂຣກມະເລງ

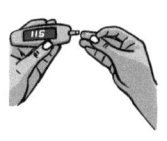

diabetis

ພະຍາດເບົາຫວານ

cirurgià

ໝໍຜ່າຕັດ

escalpel

ມີດຜ່າຕັດ

operació

ການຜ່າຕັດ

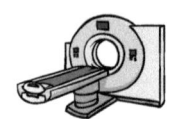

tomografia computada (TC), TAC

ເຄື່ອງເອັກເຣີເຣດຄອມພິວເຕີ

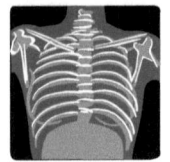

raigs x

ເອັກຊ໌-ເຣ

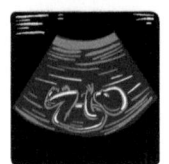

ultrasò

ອູລຕຣາຊາວ (ultrasound)

mascareta

ໜ້າກາກອະນາໄມ

malaltia

ພະຍາດ

sala d'espera

ຫ້ອງລໍຖ້າ

crossa

ໄມ້ຄ້າຄໍ້ແຮ້

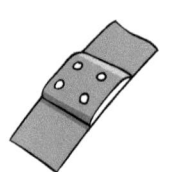

tireta

ຜ້າຢາງຕິດບາດ

embenat

ຜ້າພັນແຜ

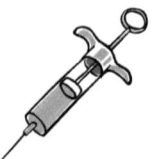

injecció

ສັກຢາ

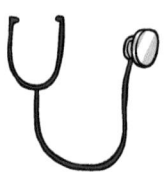

estetoscopi

ເຄື່ອງຟັງປອດຫົວໃຈ

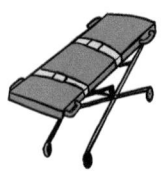

llitera

ເປຫາມຄົນເຈັບ

termòmetre clínic

ບາຫຼອດວັດໄຂ້

pariment

ການເກີດ

sobrepès

ນ້ຳໜັກເກີນ

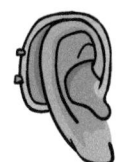

aparell auditiu

ເຄື່ອງຊ່ວຍຟັງ

desinfectant

ນ້ຳຢາຂ້າເຊື້ອ

infecció

ການຕິດເຊື້ອ

virus

ເຊື້ອໄວຣັສ

VIH / SIDA

HIV / ເອດສ໌

medicina

ຢາ

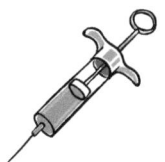

vaccí

ການສັກວັກຊິນ

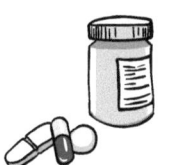

comprimits

ຢາເມັດ

píl·lola

ຢາເມັດ

trucada d'urgència

ໂທອອກສຸກເສີນ

tensiòmetre

ເຄື່ອງວັດຄວາມດັນເລືອດ

malalt / sà

ໄຂ້ / ສຸຂະພາບດີ

alarma

ສັນຍານເຕືອນໄພ

assalt

ການທຳຮ້າຍຮ່າງກາຍ

Socors!

ຊ່ວຍດ້ວຍ!

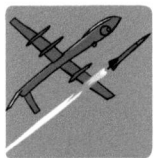

atac

ການໂຈມຕີ

perill

ອັນຕະລາຍ

sortida-eixida d'urgència

ທາງອອກສຸກເສີນ

extintor

ບັ້ງດັບເພີງ

accident

ອຸປະຕິເຫດ

Foc!

ໄຟໄໝ້!

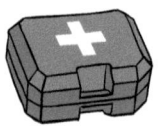

farmaciola de primers auxilis

ຊຸດປະຖົມພະຍາບານຂັ້ນຕົ້ນ

SOS

ສັນຍານຂໍຄວາມຊ່ວຍເຫຼືອ

policia

ຕຳຫຼວດ

Europa

ເອີຣົບ

Amèrica del Nord

ອາເມລິກາເໜືອ

Amèrica del Sud

ອາເມລິກາໃຕ້

Àfrica

ອາຟຣິກາ

Àsia

ເອເຊຍ

Austràlia

ອອສເຕຣເລຍ

Atlàntic

ແອດແລນຕິກ

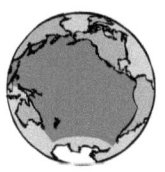

Pacífic

ປາຊິຟິກ

Oceà Índic

ມະຫາສະໝຸດອິນເດຍ

Oceà Antàrtic

ມະຫາສະໝຸດແອນຕາຣຕິກ

Oceà Àrtic

ມະຫາສະໝຸດອາກຕິກ

pol nord

ຂົ້ວໂລກເໜືອ

pol sud

ຂົ້ວໂລກໃຕ້

Antàrtida

ແອນຕາດຕິກາ

terra

ໂລກ

país

ດິນ

mar

ທະເລ

illa

ເກາະ

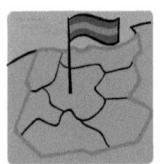

nació

ຊາດ / ປະເທດຊາດ

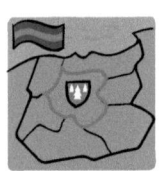

estat

ລັດ

quadrant
ໜ້າປັດໂມງ

agulla de les hores
ເຂັມໂມງ

agulla dels minuts
ເຂັມນາທີ

agulla dels segons
ເຂັມວິນາທີ

Quina hora és?
ຈັກໂມງແລ້ວ?

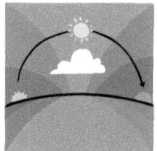

dia
ວັນ

temps
ເວລາ

ara
ຕອນນີ້

rellotge digital
ໂມງດີຈິຕອລ

minut
ນາທີ

hora
ຊົ່ວໂມງ

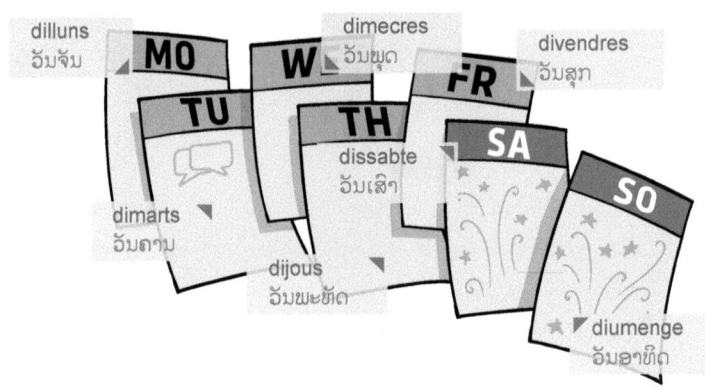

dilluns
ອັນຈັນ

dimecres
ອັນພຸດ

divendres
ອັນສຸກ

dimarts
ອັນຄານ

dijous
ອັນພະຫັດ

dissabte
ອັນເສົາ

diumenge
ອັນອາທິດ

ahir

ມື້ວານນີ້

avui

ມື້ນີ້

demà

ມື້ອື່ນ

matí

ຕອນເຊົ້າ

migdia

ຕອນທ່ຽງ

tarda

ຕອນແລງ

dia feiner

ອັນເຮັດວຽກ

cap de setmana

ທ້າຍສັບປະດາ

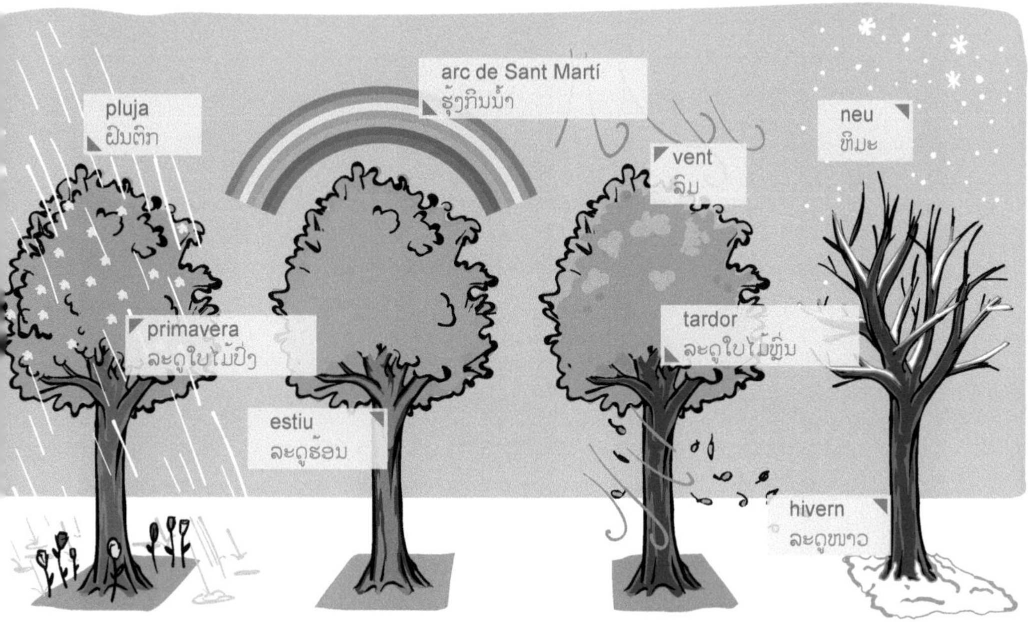

arc de Sant Martí
ຮຸ້ງກິນນ້ຳ
pluja
ຝົນຕົກ
neu
ຫິມະ
vent
ລົມ
primavera
ລະດູໃບໄມ້ປົ່ງ
tardor
ລະດູໃບໄມ້ຫຼົ່ນ
estiu
ລະດູຮ້ອນ
hivern
ລະດູໜາວ

4.APRIL 11°
5.APRIL 4°
6.APRIL 13°
7.APRIL 8°
8.APRIL 10°

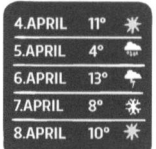

pronòstic del temps

ການພະຍາກອນອາກາດ

F C
120 40
90 30
60 20
30 10
0 0
-30 -10
-20

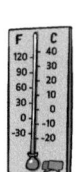

termòmetre

ເຄື່ອງວັດອຸນຫະພູມ

llum del sol

ແສງແດດ

núvol

ຂີ້ເຝື້ອ

boira

ໝອກ

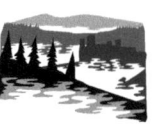

humiditat de l'aire

ຄວາມຊຸ່ມ

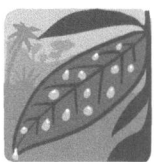

llamp

ສາຍຟ້າແມບ

tro

ຟ້າຮ້ອງ

tempesta

ພະຍຸ

calamarsa

ໝາກເຫັບ

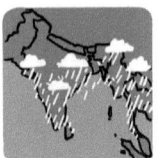

monsó

ລົມມໍລະສຸມ

inundació

ນ້ຳຖ້ວມ

gel

ນ້ຳກ້ອນ

gener

ມັງກອນ

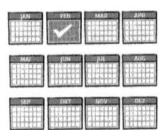

febrer

ກຸມພາ

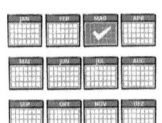

març

ມີນາ

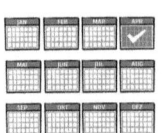

abril

ເມສາ

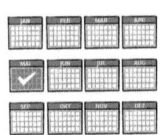

maig

ພຶດສະພາ

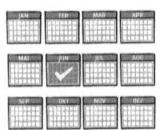

juny

ມິຖຸນາ

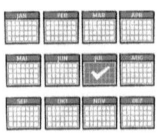

juliol

ກໍລະກົດ

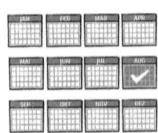

agost

ສິງຫາ

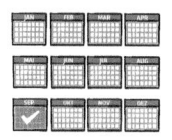

setembre

ກັນຍາ

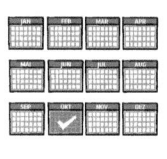

octubre

ຕຸລາ

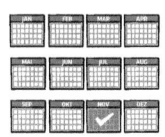

novembre

ພະຈິກ

desembre

ທັນວາ

formes

ຮູບຮ່າງ

cercle

ວົງມົນ

quadrat

ສີ່ຫຼ່ຽມ

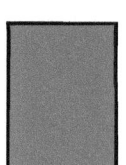

rectangle

ຮູບສີ່ຫຼ່ຽມມຸມສາກ

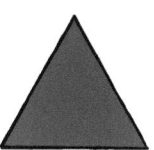

triangle

ສາມຫຼ່ຽມ

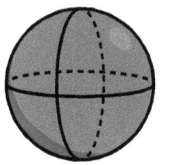

esfera

ໜວຍກົມ

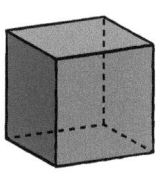

cub

ຮູບສີ່ຫຼ່ຽມມົນທົນ

blanc

ສີຂາວ

groc

ສີເຫຼືອງ

taronja

ສີສົ້ມ

rosa

ສີບົວ

vermell

ສີແດງ

lila

ສີມ່ວງ

blau

ສີຟ້າ

verd

ສີຂຽວ

marró

ສີນ້ຳຕານ

gris

ສີເທົາ

negre

ສີດຳ

molt / poc

ຫຼາຍ / ນ້ອຍ

emprenyat / tranquil

ໃຈຮ້າຍ / ໃຈເຢັນ

bonic / lleig

ງາມ / ຂີ້ຮ້າຍ

començament / fi

ການເລີ່ມຕົ້ນ / ການສິ້ນສຸດ

gran / petit

ໃຫຍ່ / ນ້ອຍ

clar / fosc

ແຈ້ງ / ມືດ

germà / germana

ນ້ອງຊາຍຫຼືອ້າຍ /
ນ້ອງສາວຫຼືເອື້ອຍ

net / brut

ສະອາດ / ເປື້ອນ

complet / incomplet

ສຳເລັດ / ບໍ່ສຳເລັດ

dia / nit

ກາງວັນ / ກາງຄືນ

mort / viu

ຕາຍ / ມີຊີວິດ

ample / estret

ກວ້າງ / ແຄບ

comestible / immenjable

ກິນໄດ້ / ກິນບໍ່ໄດ້

dolent / amable

ຂີ້ຮ້າຍ / ໃຈດີ

entusiasmat / entediat

ຫນ້າຕື່ນເຕັ້ນ / ຫນ້າເບື່ອ

gros / prim

ອ້ວນ / ຈອຍ

primer / darrer

ທໍາອິດ / ສຸດທ້າຍ

amic / enemic

ເພື່ອນ / ສັດຕູ

ple / buit

ເຕັມ / ວ່າງເປົ່າ

dur / tou

ແຂງ / ນຸ້ມ

pesant / lleuger

ຫນັກ / ເບົາ

gana / set

ຄວາມຫິວ / ຄວາມຫິວນ້ຳ

malalt / sà

ໄຂ້ / ສຸຂະພາບດີ

il·legal / legal

ຜິດກົດຫມາຍ / ຖືກກົດຫມາຍ

intel·ligent / ximple

ສະຫລາດ / ໂງ່

esquerra / dreta

ຊ້າຍ / ຂວາ

prop / llunyà

ໃກ້ / ໄກ

nou / usat

ໃໝ່ / ໃຊ້ແລ້ວ

res / quelcom

ບໍ່ມີຫຍັງ / ບາງສິ່ງບາງຢ່າງ

vell / jove

ແກ່ / ໜຸ່ມ

encès / apagat

ເປີດ / ປິດ

obert / tancat

ເປີດ / ປິດ

silenciós / sorollós

ງຽບ / ດັງ

ric / pobre

ຮັ່ງມີ / ຍາກຈົນ

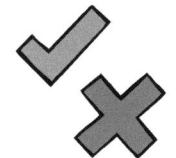

correcte / incorrecte

ຖືກ / ຜິດ

aspre / suau

ບໍ່ລຽບ / ລຽບ

trist / content

ໂສກເສົ້າ / ດີໃຈ

curt / llarg

ສັ້ນ / ຍາວ

lent / ràpid

ຊ້າ / ໄວ

humit / sec - eixut

ປຽກ / ແຫ້ງ

calent / fred

ອົບອຸ່ນ / ໜາວເຢັນ

guerra / pau

ສົງຄາມ / ສັນຕິພາບ

0

zero

ສູນ

1

u

ໜຶ່ງ

2

dos

ສອງ

3

tres

ສາມ

4

quatre

ສີ່

5

cinc

ຫ້າ

6

sis

ຫົກ

7

set

ເຈັດ

8

vuit

ແປດ

9

nou

ເກົ້າ

10

deu

ສິບ

11

onze

ສິບເອັດ

12

dotze

ສິບສອງ

13

tretze

ສິບສາມ

14

catorze

ສິບສີ່

15

quinze

ສິບຫ້າ

16

setze

ສິບຫົກ

17

disset

ສິບເຈັດ

18

divuit

ສິບແປດ

19

dinou

ສິບເກົ້າ

20

vint

ຊາວ

100

cent

ໜຶ່ງຮ້ອຍ

1.000

mil

ໜຶ່ງພັນ

1.000.000

milió

ໜຶ່ງລ້ານ

anglès

ພາສາອັງກິດ

anglès americà

ພາສາອັງກິດແບບອາເມລິກັນ

xinès mandarí

ພາສາຈີນແມນດາຣິນ

hindi

ພາສາຮິນດີ

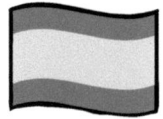

espanyol

ພາສາສະເປນ

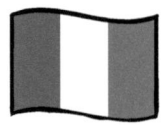

francès

ພາສາຝຣັ່ງເສດ

àrab

ພາສາອາຮັບ

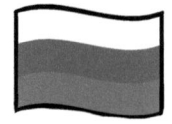

rus

ພາສາຣັດເຊຍ

portuguès

ພາສາປ໊ອກຕຸຍການ

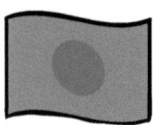

bengalí

ພາສາແບງກາອລ

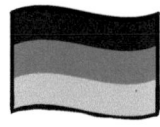

alemany

ພາສາເຍຍລະມັນ

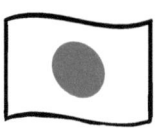

japonès

ພາສາຍີ່ປຸ່ນ

jo

ຂ້ອຍ

tu

ເຈົ້າ

ell / ella / allò

ລາວ (ຜູ້ຊາຍ) / ລາວ (ຜູ້ຍິງ) / ມັນ

nosaltres

ພວກເຮົາ

vosaltres

ພວກເຈົ້າ

ells

ພວກເຮົາ

qui?

ໃຜ?

què?

ແມນຫຍັງ?

com?

ແນວໃດ?

on?

ຢູ່ໃສ?

quan?

ເມື່ອໃດ?

nom

ຊື່

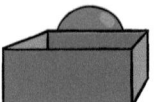

darrere

ຢູ່ທາງຫັວ

en

ໃນ

davant de

ຢູ່ທາງໜ້າ

damunt

ເໜືອກວ່າ

sobre

ຢູ່ເທິງ

sota

ຢູ່ກ້ອງ

al costat

ທາງຂ້າງ

entre

ຢູ່ລະຫວ່າງ

lloc

ສະຖານທີ່